Erik Delfs

Feuer an deutschen Küsten

Ein Reiseführer

zu den Leuchttürmen an

Nord- und Ostsee

Das Titelphoto zeigt den Leuchtturm Westerheversand

Feuer an deutschen Küsten

Ein Reiseführer zu den Leuchttürmen

an Nord- und Ostsee

Erik Delfs

EDITION DIE BARQUE
IM DSV-VERLAG

Impressum

ISBN 3-88412-158-8

Feuer an deutschen Küsten
Ein Reiseführer zu den Leuchttürmen an Nord- und Ostsee

1. Auflage 1993

Text:	Erik Delfs
Lektorat:	Jürgen Schödler
Layout / Satz:	Peter Neumann / YPS Hamburg
Lithografie:	A. Bauer KG, Hamburg
Druck und Bindearbeiten:	Busse-Druck, Herford
Herausgeber:	DSV-Verlag

Printed in Germany

Inhaltsverzeichnis

Vorwort
Übersichtskarte

Ostsee (Schleswig-Holstein)
Falshöft 12
Kalkgrund 14
Neukirchen 16
Holnis 18
Schleimünde 20
Eckernförde 22
Kiel 26
Bülk 28
Friedrichsort 30
Holtenauer Schleusen 32
Neuland 34
Heiligenhafen 36
Strukkamphuk 38
Flügge 40
Westermarkelsdorf. 42
Marienleuchte 44
Staberhuk 46
Dahmeshöved 48
Pelzerhaken 50
Travemünde 52

Ostsee (Mecklenburg-Vorpommern)
Timmendorf 56
Walfisch 58
Golwitz 60
Buk 62
Warnemünde 64
Wustrow 68
Darßer Ort 70
Dornbusch, Gellen (Hiddensee) 72
Arkona 76
Ranzow, ... 78
Maltzien 80
Peenemünde, Osttief. 82
Greifswalder Oie 84

Nordsee (Nordfriesland)

List West, List Ost 86
Kampen 88
Rotes Kliff - alter Turm 90
Hörnum 92
Norddorf 94
Amrum 96
Nordmarsch 98
Olhörn 100
Oland 102
Dagebüll 104
Pellworm 106
Süderoogsand 108
Westerheversand 110
St. Peter 112
Büsum 114
Helgoland 116
Helgoland-Düne 118

Elbe

Großer Vogelsand 120
Neuwerk 122
Cuxhaven 126
Altenbruch 128
Oste 130
Balje 132
Brunsbüttel Schleusen 134
Hollerwettern 138
Glückstadt 140
Glückstadt - Hafen 142
Krautsand 144
Pagensand 148
Juelssand 152
Twielenfleth 154
Grünendeich, Somfletherwisch, Mielstack,
Tinsdal, Wittenbergen 156
Blankenese 160

Weser

Roter Sand 162
Alte Weser 164

Tegeler Plate 166
Hohe Weg 168
Eversand 172
Robbenplate 174
Kaiserschleuse 176
Bremerhaven 178
Geestemünde - Molen 180
Brinkamahof 182
Harriersand, Großerpater 184
Bremen Überseehafen 186

Jade

Minsener Oog Buhne A 188
Minsener Oog Buhne C 190
Mellumplate 192
Schillig, Voslapp, Tossens, Eckwarden 194
Arngast 198

Nordsee (Ostfriesische Inseln)

Wangerooge - alter Turm 200
Wangerooge 202
Norderney 204
Borkum - alter Turm 206
Borkum - Großer Leuchtturm 208

Ems

Borkum - Kleiner Leuchtturm 210
Fischerbalje 212
Binnen-Randzel 214
Pilsum 216
Campen 218
Knock 220
Emden 222

Anhang

Touristische Hinweise 224
Fachbegriffe 226
Die wichtigsten Daten im Überblick 228
Bildnachweis 229
Literaturverzeichnis 230

Für die Unterstützung beim Zustandekommen des Buches danke ich

Frau Elke Courkamp, Büsum
Herrn Haase, Landesarchiv Schleswig
Herrn Jörgen Heinritz, Heiligenhafen
Herrn Hermann, Kampen/Sylt
Herrn Peter Krampe, Dassendorf
Herrn Henry Krey, Hamburg
Herrn H.R.Möller, Detlefsenmuseum Glückstadt
Herrn Hans Helge Staack, Neuwulmsdorf
dem Bundesamt für Seeschiffahrt und Hydrographie, Hamburg
dem Deutschen Schiffahrtsmuseum, Bremerhaven
der Wasserschutzpolizei Wismar

und insbesondere den Wasser- und Schiffahrtsämtern

Bremerhaven, Herrn Seedorf
Brunsbüttel, Frau Haller-Gehrmann
Cuxhaven, Herrn Scholz
Emden, Herrn Ulsamer
Hamburg, Herrn Lindemann
Kiel, Herrn Tegetorf
Stralsund, Herrn Woest
Tönning, Herrn Hinrichsen
Wilhelmshaven, Herrn Harjes.

Mein spezieller Dank gilt

Herrn H.J. Luttermann, Rostock und Herrn Dieter Goldau, Hamburg,
für die Versorgung mit Informationen,
sowie Herrn Ralf Pinnau für die Durchsicht des Manuskriptes
und last, but not least, Herrn Peter Neumann, für den kreativen Einsatz.

Vorwort

Amtliche Leuchtfeuerverzeichnisse sind Hilfsmittel für die Navigation und führen jedes Feuer auf, ob auf Tonne, Pfahl, Bake oder Leuchtturm. Sie berücksichtigen auch die ständigen Veränderungen und Anpassungen. Das ist nicht Aufgabe dieses Buches. Es soll vielmehr die technisch bedeutentsden, historisch interessantesten und architektonisch schönsten Leuchtfeuerbauten an den deutschen Küsten vorstellen. Es soll gleichzeitig auch die nicht mehr als Leuchtturm genutzten Bauten in Erinnerung rufen und sie vor dem Vergessen bewahren.

Nicht jeder Leuchtturm hat eine Vorgeschichte wie "Hohe Weg", eine Entstehungsgeschichte wie "Roter Sand" oder Vorgänge und Standorte, die sie interessant machen. Sie wurden geplant, fertiggestellt und erfüllten ihre Funktion. So auch einige der modernen Zweckbauten, die als Richt- und Leitfeuer an den Flüssen stehen. Sie wurden in dieses Buch nicht mit aufgenommen, was ihre Wichtigkeit für die Schiffahrt nicht im Geringsten schmälern soll und kann.

Mehrfach werden Stimmen laut, die ein Ende der Leuchtfeuer kommen sehen, ja dieses sogar fordern, da diese Technik überholt sei durch modernere Verfahren. Nur gibt es bisher keine bessere, vom Schiff und seiner anfälligen Technik unabhängige Navigationshilfe, als die bewährten Leuchtfeuer an den Gefahrenpunkten der Küsten.

Der Autor

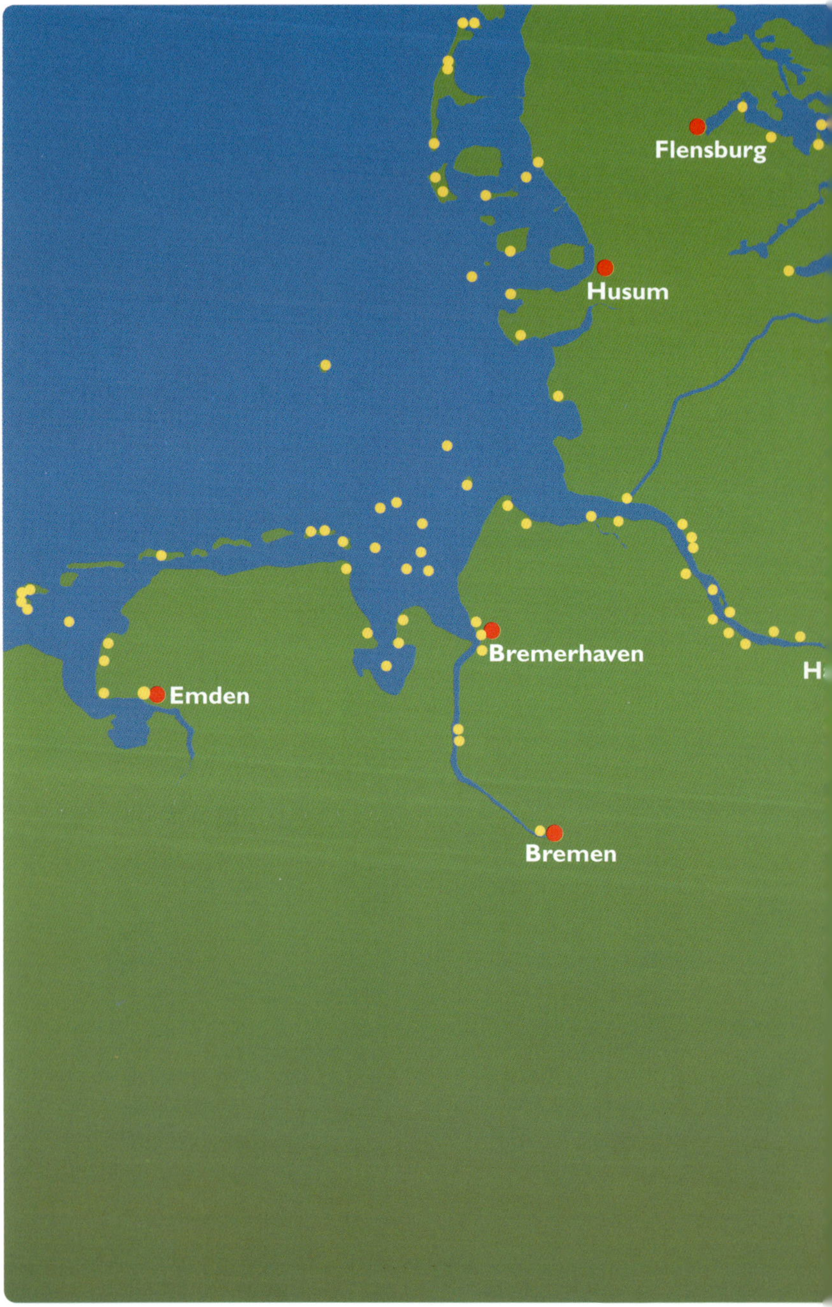
Flensburg
Husum
Bremerhaven
Emden
Bremen
H

Standorte der deutschen Leuchttürme an Nord- und Ostsee

Falshöft

Quermarken- und Orientierungsfeuer

Position: 54° 46’N 9° 58’E

In Betrieb seit 1910
Bauwerkhöhe: 24m
Feuerhöhe: 25m
Tragweiten: weiß 18sm · rot 15sm · grün 14sm
Optik: Gürtelleuchte
Fernsteuerung seit 1969

Als hätte er sich verirrt, steht der Leuchtturm Falshöft hier an der Ostseeküste. Denn nur an der Nordseeküste, von Hörnum auf Sylt bis zum Jadebusen, leuchten die gußeisernen Serienbauten, zu denen auch dieser Turm gehört.

Durch seine Errichtung schloß sich die letzte Lücke der Befeuerung der Flensburger Außenförde. Zusammen mit dem Feuerschiff beim Kalkgrund, den Leuchttürmen Kegnæs und Gammel Pøl sicherte Falshöft unverändert über 80 Jahre die Schiffswege. Dem Fortschritt entsprechend erhielt der Turm natürlich auch die jeweiligen technischen Neuerungen. Ein in der Nähe wohnender Bauer kümmerte sich zuletzt bis 1963 nebenberuflich um das mit Flüssiggas betriebene Feuer, dessen meiste Funktionen automatisch abliefen. Diese Tätigkeit mußte er aber 1963 aufgeben, als alle Leuchttürme von Schleimünde bis Holnis an das Stromnetz angeschlossen wurden. Außerdem konnten diese jetzt auch durch Fernschaltung gesteuert werden. Das geschah zunächst vom Leuchtturm Falshöft aus und mußte vorerst von hauptberuflichen Wärtern überwacht werden. Deren Einsatz dauerte bis 1969, dann übernahm die eben fertiggestellte zentrale Schaltstelle in Kappeln a.d. Schlei das Kommando über die automatisierten Feuer.

Heute werden alle Leuchttürme an der schleswig-holsteinischen Ostküste von der Revierzentrale Travemünde aus fernüberwacht.

Kalkgrund

Leit-, Quermarken- und Orientierungsfeuer

Position 54° 50'N 9° 53'E

In Betrieb seit 1963
Bauwerkhöhe: 24m
Feuerhöhe: 23m
Tragweiten: weiß 17sm · rot 14sm · grün 13sm
Optik: Gürtelleuchte
Fernsteuerung

Fritz Brustat-Naval beschrieb die Position Kalkgrund als "ruhigsten Ankerplatz aller deutschen Feuerschiffstationen". Damit hatte der bekannte Buchautor und frühere Feuerschiff-Kapitän sicher recht. Aber auch in dieser verhältnismäßig ruhigen Gegend gerieten zahlreiche Schiffe auf Grund und gingen teilweise verloren. Um die Schiffahrt vor dem weit in die Flensburger Förde reichenden Kalkgrund zu warnen, war das Feuer des Leuchtturmes Kegnæs auf Als nicht ausreichend. Deswegen lagen von 1876 bis 1963 Feuerschiffe mit der Bezeichnung *Kalkgrund*, später *Flensburg*, an der Nordspitze der Untiefe. Zwei Crews mit bis zu 12 Mann Besatzung hatten abwechselnd Dienst auf den Schiffen, unter ihnen auch sogenannte Lotsmatrosen. Dies waren Seeleute mit dem Patent für Große Fahrt, die auf den ein- und auslaufenden Schiffen als Lotsen eingesetzt wurden und während der Wartezeiten zwischen den Einsätzen als Decksmänner auf dem Feuerschiff arbeiteten und sich so ein Zubrot verdienten.

Die Zeit des Feuerschiffes neigte sich dem Ende zu, als 1962 die Gründungsarbeiten zu einem neuen Leuchtturm begannen. Anstatt einer ursprünglich geplanten Insel, auf der der Turm stehen sollte, schlug eine Ramme 24 Stahlpfähle 30m in den Ostseegrund. Diese trugen später das, im Trockendock bei HDW-Kiel gegossene, Stahlbetonfundament und den rot/weiß gefliesten Turm. Die Energie für das Feuer und die übrigen Einrichtungen erhielt er über eine Kombination aus Land- und Seekabel vom Leuchtturm Falshöft, bei dem sich auch das erste Notstromaggregat befindet. Sollte dieses ausfallen, sorgt ein zweites im Turm für den nötigen Strom. Nach fünfzehn Monaten Bauzeit konnte der erste in der Ostsee errichtete deutsche Leuchtturm den Betrieb aufnehmen, und auch erstmalig konnte nun durch Funksignale der Betrieb überwacht werden. Aber als einziger deutscher Leuchtturm wachte er über eine Flotte von Supertankern, die während der Ölkrise beschäftigungslos in der Geltinger Bucht vor Anker lagen.

Neukirchen

Leit-, Quermarken- und Orientierungsfeuer

Position 54° 48’N   9° 45’E

In Betrieb seit 1969
Bauwerkhöhe: 6m
Feuerhöhe: 15m
Tragweiten: weiß 14sm · rot 11sm · grün 10sm
Optik: Gürtelleuchte
Fernsteuerung

Weit schiebt sich die dänische Halbinsel Broager Land in die Förde und verengt das Fahrwasser nach Flensburg. Auf halbem Wege zwischen den Leuchttürmen Kalkgrund und Holnis sichert das Leuchtfeuer Neukirchen als Leit-, Quermarken- und Orientierungsfeuer mit Farbsektoren das Fördefahrwasser.

An dieser Stelle des Ufers stand bereits ein 1927 errichtetes weißes Türmchen, dessen mit Gas betriebene Laterne ein ehemaliger Matrose des Feuerschiffes *Flensburg* wartete. Das Lampenhaus dieses Turmes wurde gerettet und dient jetzt als Dienstbude dem Hafenmeister des Yachthafens Wackerballig (kleines Bild).

1969 entstand, ganz im Stil der damaligen Zeit, ein schlichter roter Klinkerbau, der den alten Turm am Rande der Steilküste ersetzte. Sein angesetzter Laternenerker, außen mit weißen Fliesen verkleidet, erinnert in seinen Konturen an die sogenannte “Nierentisch”-Ära.

Von vornherein war Neukirchens elektrisches Licht an die Fernsteuerung angeschlossen. Trotz der wartungsärmeren elektrischen Energieversorgung startet zuweilen das Diesel-Notstromaggregat, wenn bei stürmischen Wind der Strom wegen beschädigter Freileitungen ausfällt.

Holnis

Leitfeuer

Position 54° 52'N 9° 34'E

In Betrieb seit 1967
Bauwerkhöhe: 27m
Feuerhöhe: 32m
Tragweiten: weiß 13sm · rot 10sm · grün 9sm
Optik: Gürtelleuchte
Fernsteuerung seit 1969

Nur ein Nehrungswall, den Strömungen in der Flensburger Förde anschwemmten, verband den nördlichen mit dem südlichen Teil der Halbinsel Holnis. Über ihn führte ein, bis ins 19. Jahrhundert regional bedeutender, Handelsweg mit einer Fährverbindung zur dänischen Ortschaft Brunsnæs. Um aber die Stadt Flensburg zu erreichen, mußte die Schiffahrt die Halbinsel Holnis umfahren. Das brachte einige Leute sogar auf die eigenwillige Idee, die Landenge zu durchstechen, um den Weg damit abzukürzen.

Nach einem Plan des renommierten Walter Körte, dem Erbauer des Weser-Leuchtturms "Roter Sand", entstand nördlich der Ortschaft Schausende ein viereckiger 13m hoher Leuchtturm mit Wärterhaus. Mit seinen Leitfeuern wies er seit 1896 der Schiffahrt den Weg in die Flensburger Förde. Doch zunehmende Bebauung verdeckte das Feuer immer mehr. Nach über sechzig Jahren Dienstzeit kam die notwendige Erhöhung des Turmes aber wegen des mittlerweile schlechten Bauzustandes nicht mehr in Frage. Deswegen begannen 1964 die Arbeiten zum Bau des neuen Leuchtturmes. Eine Betonplatte vom 8m Durchmesser und einer Stärke von 1m wurde als Flachgründung in den festen eiszeitlichen Moränensand gebaut. Auf diesem Fundament wuchs der Turm Stück für Stück in Gleitbauweise aus Stahlbeton empor und wurde mit weißen und roten Fliesen verkleidet. Notstromanlage und Überwachungsanlagen waren in einem daneben aus Rotklinker gemauerten Maschinenhaus untergebracht. Am 10.Mai 1967 übernahm der neue Leuchtturm seine Aufgaben.

Noch 1969, bis zum Anschluß an die Fernsteuerung, betreute ein Wärter die Anlage. Den alten, gelben Turm zertrümmerte 1980 die Abrißbirne. Übrig geblieben ist nur die alte Optik, eine Gürtelleuchte mit 250mm Brennweite. Sie fand in dem neuen nördlichsten deutschen Ostsee-Leuchtturm weiterhin Verwendung.

12
bis Kappeln

Schleimünde

Leit- und Orientierungsfeuer

Position 54° 40'N 10° 02'E

In Betrieb seit 1.11.1861
Bauwerkhöhe: 14m
Feuerhöhe: 15m
Tragweiten: weiß 14sm · rot 11sm
Optik: Gürtelleuchte
Fernsteuerung seit 1969

Irreführend ist der Name Schleimünde. Denn die Schlei ist kein Fluß, allerdings auch keine Förde, sondern im strengen geologischen Sinne eher eine Mischung aus beidem, deren flacher Ausgang schon in frühester Zeit versandete, aber an verschiedensten Stellen schiffbare Durchbrüche aufwies. So wird die zur Zeit der Wikinger benutzte Zufahrt beim heutigen Marinehafen Olpenitz vermutet. In den 1638-48 von Johannes Mejer gezeichneten Landkarten befand sich eine andere an der Stelle der heutigen Durchfahrt. Eine weitere nördliche, bei der früheren Insel Oehe, existierte bis zum Ende des 18.Jahrhunderts. Als auch diese durch Versandung fast unpassierbar wurde, durchstachen zwischen 1781 und 1796 die Fischer von Maasholm, Kappeln und Arnis gemeinsam die Barre bei Schleimünde. Um gleichzeitig weiterer Versandung vorzubeugen, sicherten sie den Durchstich durch Aufschüttung von zwei Molen.

Durch Erlaß des dänischen Königs erhielt die Stadt Schleswig die Erlaubnis, vom 1.November 1861 an für das auf dem Molenkopf errichtete und von ihr finanzierte Leuchtfeuer eine Abgabe zu erheben. Das Feuer, ein achteckiger schwarzer Leuchtturm, hatte eine Laterne mit einem Spiegelapparat 5.Ordnung, dessen rotes Festfeuer 2 1/2 Seemeilen sichtbar war. 1870-71 wurde der Turm umgebaut. Der mit gelben Backsteinen gemauerte runde Turmschaft erhielt eine Laterne mit Petroleumbrenner und einer Gürtellinse von 400mm Brennweite. Mit dieser Ausrüstung zeigte der Leuchtturm ab 1871 ein 12 Seemeilen weit sichtbares rotes Festfeuer. Nach einer nochmaligen Verstärkung und Umstellung auf Blaugas-Glühlicht, bewachte der Schleimünder Hafenmeister ab 1907 das automatisierte Feuer.

Ungewöhnlich präsentierte sich der naturgelbe Turm in seiner Farbgebung: von 1887 zunächst mit grauem Außenanstrich, später mit rotweißem, danach schwarzweißem Würfelmuster, bis zur heutigen weißen Verkleidung mit schwarzen Ringen.

MORGENSTOND

Eckernförde - alter Molenturm

Molenfeuer

Position 54° 28'N 9° 51'E

In Betrieb von 1911-1981
Bauwerkhöhe: 12m
Feuerhöhe: 11m
Tragweiten:
weiß 7sm · rot 5sm · grün 4sm

Eckernförde - altes Leitfeuer

Leitfeuer

Position 54° 28'N 9° 51'E

In Betrieb von 1907-1986
Bauwerkhöhe: 17m
Feuerhöhe: 30m
Tragweiten:
weiß 22sm · rot 17sm

Eckernförde - Hafen

Molenfeuer

Position 54° 28'N 9° 51'E

In Betrieb seit 1981
Bauwerkhöhe: 10m
Feuerhöhe: 11m
Tragweiten:
weiß 7sm · rot 5sm · grün 4sm
Optik: Gürtelleuchte
Fernsteuerung

Eckernförde

Leitfeuer

Position 54° 28'N 9° 51'E

In Betrieb seit 1986
Bauwerkhöhe: 27m
Feuerhöhe: 36m
Tragweiten:
weiß 22sm · rot 17sm · grün 18sm
Optik: Gürtelleuchte
Fernsteuerung

Als Handelshafen erlangte Eckernförde, trotz seiner hervorragenden Lage, eine vergleichsweise geringe Bedeutung. Möglicherweise erhielt der Hafen deshalb auch spät eine Befeuerung. Erst 1866 leuchtete ein weißes Feuer vom Kopf der früheren Mole. Die Leuchte enthielt eine Spiegelapparatur, wahrscheinlich Argandsche Lampen mit Petroleumbrenner, mit einem rundum sichtbarem Licht.

Eine modernere Gaslaterne, die vom Giebel eines Hafengebäudes ein rotes Festfeuer zeigte, löste zwanzig Jahre später, 1887, das Molenfeuer ab. Die Farbänderung war nötig geworden, um eine Verwechslung mit den weißen Lichtern des neuen Richtfeuers zu vermeiden, das die Fahrt in der Bucht sicherer machte. Ober- und Unterfeuer der Richtfeuerlinie waren, mit einer Tragweite von acht Seemeilen, so aufgestellt, daß die Schiffahrt von der freien See ohne Kursänderung bis ans Ende der Bucht fahren konnte.

Im Jahre 1907 wurden die alten Richtfeuer durch ein Leitfeuer ersetzt, daß in einem festen Gebäude (linke Seite, großes Bild)untergebracht wurde. Der "Turm" des Leitfeuers war Teil des Wärterhauses, ein viereckiger Bau mit einer breiten Fensterfront, hinter der die optische Einrichtung untergebracht war. Das Molenfeuer im Hafen wich 1911 einem eisernen Turm (Vorseite, großes Bild)

Wenige Jahre später begann die Marine in der Bucht ihre Torpedos zu testen. Die dazu unterhalb des Leitfeuers erbaute Torpedo-Versuchsanstalt beanspruchte einen bestimmten Seeraum in der Bucht. Da dieser zum Teil im Leitsektor des Feuers lag, mußte zusätzlich ein roter Warnsektor gezeigt werden. Eine Verlegung des Leitfeuers und damit ein Neubau für den gerade errichteten Turm kam zu jener Zeit nicht in Frage.

Nach siebzig Jahren mußte 1981 das alte Molenfeuer durch einen Turm aus Kunststoff an einem anderen Standort abgelöst werden, da die größeren Schiffe auf ihren Liegeplätzen östlich des alten Feuers dieses zur See hin verdeckten. Der alte Turm blieb erhalten und bekam einen Anstrich in den Farben der Stadt.

Fünf Jahre später wurde auch das alte Leitfeuer Eckernförde abgeschaltet und der letzte deutsche Leuchtturmwärter verließ diesen Posten. Der Neubau auf dem neuen nördlicheren Standort und die Neuordnung der Leit- und Warnsektoren des Feuers, berücksichtigten besser das Testgebiet der Torpedo-Versuchsanstalt und sorgt weiterhin für einen sicheren Schiffsverkehr.

Kiel

Leit- und Quermarkenfeuer

Position 54° 30'N 10° 16'E

In Betrieb seit 1967
Bauwerkhöhe: 33m
Feuerhöhe: 29m
Tragweiten: weiß 19sm · rot 15sm · grün 14sm
Optik: Gürtelleuchte
Fernsteuerung

Bei Sturm gerieten im Flachgebiet des Stollergrundes früher viele Schiffe in Bedrängnis. Die Reichsmarine wollte aber für den 1871 eingerichteten Reichskriegshafen Kiel eine sichere Ansteuerung. Deshalb lag auf der Leuchtturm-Position in der Außenförde 1892 zum ersten Mal ein Feuerschiff *Stollergrund* aus. 1904 sicherten zwei weitere Feuerschiffe, *Gabelsflach* und *Bülk*, den Schiffahrtsweg, woraufhin dann *Stollergrund* 1905 abgezogen werden konnte. Damit war insbesondere dem zunehmenden Schiffsverkehr zum Nord-Ostsee-Kanal Rechnung getragen worden. 1922 ersetzte das Feuerschiff *Kiel* die zwei Schiffe. Die Geschichte des Feuerschiffes *Kiel* ist lang und voller Ereignisse, von denen hier nur die zahlreichen Kollisionen und die Versenkung durch Fliegerbomben erwähnt seien. Dennoch wurde es nie aufgegeben, sondern immer wieder repariert und erst nach dem Bau des neuen Leuchtturmes Kiel abgezogen.

1965 wurden die in Mönkeberg vorgefertigten drei schwimmfähigen Fundamentsegmente, nach Vorbereitung des Untergrundes, auf 12,5m Wassertiefe abgesenkt und mit Sand aufgefüllt. Das rechtwinklige Bauwerk weist mit seiner Spitze nach Nordost, da aus dieser Richtung der stärkste Seegang zu erwarten ist und bietet durch seine Form den Versetzbooten immer eine Anlegemöglichkeit.

Als der komplett zusammengefügte Aluminiumturm, an Kranseilen hängend, auf sein Fundament geschraubt werden sollte, machte aufkommender Wind die millimetergenaue Montage fast unmöglich. Rau zeigte sich die Ostsee auch im November 1965, als die mit Einrichtungsarbeiten beschäftigte Mannschaft während eines Orkans im unfertigen Turm Zuflucht suchen mußte. Friedlich gab sie sich dagegen zur feierlichen Einweihung am 5.Juli 1967.

Bülk

Leit- und Quermarkenfeuer

Position 54° 27'N 10° 12'E

In Betrieb seit 1865
Bauwerkhöhe: 25m
Feuerhöhe: 29m
Tragweiten: weiß 14sm · rot 11sm · grün 10sm
Optik: Gürtelleuchte
Fernsteuerung seit 1970

Das Fundament und die ersten Lagen gelben Backsteins mauerten die Handwerker noch unter der Herrschaft Christians IX von Dänemark. Unter Preußens Wilhelm I vollendeten Maurer und Techniker den Bau des Bülker Leuchtturms.

Der heute älteste Leuchtturm an der Kieler Förde war aber nicht das erste Feuer, das an dieser äußersten Landspitze stand. Bereits seit 1815 soll hier die Lotsenstation ein Licht gezeigt haben. Der Leuchtturm, der dann ab 1844 die Einfahrt in die Förde befeuerte, erreichte zwar nur eine Höhe von zehn Metern, doch das aus der Höhe von fast 17 Metern ausgestrahlte Licht seines grünen Festfeuers war elf Seemeilen weit sichtbar.

Vor bald 130 Jahren trat 1865 der unter preußischer Bauaufsicht vollendete neue 27 Meter hohe Turm die Nachfolge an. Zur besseren Unterscheidung erhielt der weiß gestrichene Turm 1889 noch einen breiten roten Ring aufgemalt. Das durch eine Gürtellinse von 500mm Brennweite verstärkte weiße Feuer hatte eine Sichtweite von 15 Seemeilen. Eine Drehoptik mit vier Linsenscheinwerfern ermöglichte ab 1910 die Änderung der Leuchtfeuerkennung.

Über hundert Jahre nach Indienststellung verwandelte sich 1970 der Bülker Leuchtturm durch Überholung und Modernisierung fast in einen Neubau: Der Turm wurde verkürzt und verkleidet, Optik und Laterne ausgetauscht und die technische Einrichtung an die Fernsteuerung angeschlossen. Seitdem umfaßt den Turm auch weithin sichtbar anstelle des roten, ein breiter schwarzer Ring.

Friedrichsort

Leit- und Quermarkenfeuer

Position 54° 23'N 10° 12'E

In Betrieb seit 1971
Bauwerkhöhe: 32m
Feuerhöhe: 32m
Tragweiten: weiß 18sm · rot 14sm · grün 13sm
Optik: Gürtelleuchte
Fernsteuerung

Der dänische König Friedrich III hatte die, von seinem Vorgänger Christian IV angelegte und wieder zerstörte, Festung Friedrichsort nach dem 30-jährigen Krieg wieder aufgebaut. Von der dem Wasser am nächsten gelegenen Bastion der Festung mit der Bezeichnung "Prinz Georg" leuchtete seit 1815 aus einem Leuchthaus das erste Feuer am Eingang des Kieler Hafens. 1853 wurde das Feuer zu einer neu errichteten eisernen Leuchtbake auf der vorgelagerten Sandbank verlegt. Wegen schwerer Packeisschäden des Winters 1863/64 mußte sie aber wieder abgerissen werden.

Um diese Naturgewalt abzuwehren, erbaute man 1866 den zehn Meter hohen neuen Leuchtturm auf einem hohen Granitsteinhügel auf der gleichen Sandbank. Zusätzlichen Schutz gab ab 1913 der zur See hin errichtete charakteristische halbrunde und ca. drei Meter hohe Steinwall. Bereits 1889 wurden am Leuchtturm Friedrichsort umfangreiche Änderungen durchgeführt: Nachdem der Turm um zwei Meter erhöht worden war, setzte man ihm eine neue Laterne mit einer Blitzfeuereinrichtung auf. Zusätzlich erhielt der bisher gelbe Ziegelbau einen roten Anstrich mit zwei weißen Streifen. Die nächste größere Änderung stand zu den Olympischen Spielen 1936 an. Zu der Zeit erhielt er schon wieder eine neue Laterne aufgesetzt (sie war ursprünglich für den afrikanischen Hafen Lomé vorgesehen). 1955 wechselte sein markanter roter Anstrich mit den weißen Ringen zu seinem letzten: einem weißen Anstrich mit zwei schwarzen Ringen.

Ab 1969 wuchs neben dem alten Ziegelturm ein neuer Betonturm empor, dessen Schaft in einer modernen Aluminium-Laterne endete. Zwar mit der alten Optik, aber viel höher als sein Vorgänger von 1866 und mit größerer Lichtstärke, leuchtet seit dem 29.10.1971 das neue Feuer Friedrichsort. Vom alten Leuchtturm blieb nur ein kleiner Stumpf, sein altes Laternenhaus steht heute am Kieler Innenstadthafen.

Holtenauer Schleusen Nordseite

Molenfeuer

Position 54° 22'N 10° 09'E

In Betrieb seit 1895
Bauwerkhöhe 20m
Feuerhöhe 22m
Tragweiten:
weiß 11sm · grün 8sm
Optik: Gürtelleuchte
Automatik

Holtenauer Schleusen Südseite

Molenfeuer

Position 54° 22'N 10° 09'E

In Betrieb seit 1895
Bauwerkhöhe 20m
Feuerhöhe 22m
Tragweiten:
weiß 9sm · rot 9sm
Optik: Gürtelleuchte
Automatik

Eine kaum übersehbare Menge von Schiffen lag im Kieler Hafen vor Anker. Langsam glitt S.M. Yacht Hohenzollern durch das Wasser: Flottenparade des Kaisers. Als der Tag sich dem Ende zuneigte, spiegelte sich die Schiffs- und Landbeleuchtung im Wasser, dazwischen, grün und rot, die elektrischen Lichter der Kanalleuchttürme.

Das war am 21.Juni 1895, dem Tag der offiziellen Eröffnung des Nord-Ostsee-Kanals. Unverändert steht seit jenem Tag das Nordfeuer (großes Bild) in Holtenau mit der Drei-Kaiser-Gedächtnishalle, über deren Eingang ein Relief mit der symbolischen Vereinigung von Nord- und Ostsee eingelassen ist. Turm und Halle wurden 1988 unter Denkmalschutz gestellt.

Mit der ersten Erweiterung des Kanals und dem Bau der Neuen Schleusen erhielt der südliche Leuchtturm 1914 auch einen neuen Standort. Der schlanke Leuchtturm auf der Scheerhafenmole ist zwar nicht so geschichtsträchtig wie sein Gegenüber am Nordufer, doch durch sein feines, fast filigranes Gitterwerk eine sehr elegante Konstruktion.

Auszug aus den ***Nachrichten für Seefahrer*** No. 1808 vom 27. Juli 1895:
"Seine Majestät der Kaiser haben Allergnädigst geruht, bei der am 21. Juni des Jahres in Holtenau abgehaltenen Feier zur Eröffnung des Nord-Ostsee-Kanals diesem Kanal den Namen Kaiser-Wilhelm-Kanal beizulegen. Es ist fortan diese Bezeichnung ausschließlich zu benutzen".

Neuland

Orientierungsfeuer

Position 54° 22'N 10° 36'E

In Betrieb seit 1918
Bauwerkhöhe: 40m
Feuerhöhe: 40m
Tragweiten: weiß 21sm · rot 18sm
Optik: Gürtelleuchte
Fernsteuerung seit 1982

Bis 1918 passierten des Nachts alle Schiffe auf ihrer Fahrt zwischen Kieler Förde und Fehmarnsund einen unbefeuerten Bereich. Rund um die Kieler Bucht, entlang der dänischen Küsten, wie auch auf deutscher Seite, markierten Leuchttürme und Feuerschiffe die Fahrwasser, nur in der Hohwachter Bucht blieb es dunkel.

Um diese Lücke zu schließen, sollte in der Mitte zwischen Förde und Sund ein Leuchtfeuer eingerichtet werden. Einen guten Standort bot das küstennahe flache Schwemmland bei dem Dorf Behrensdorf, wo 1915, gleich nach Fertigstellung des neuen Leuchtturms Flügge auf Fehmarn, dann die Gründungsarbeiten für den Leuchtturm Neuland begannen. Bei der Konstruktion bediente man sich des leicht geänderten Bauplanes des Flügger Turms, denn der Turm Neuland sollte zwei Meter höher sein. Im folgenden Jahr, 1916, war der Bau des achteckigen Turmes aus Rotklinker abgeschlossen, doch erst 1918, nach Ende des Krieges, nahm der rot mit weißem Ring gekennzeichnete Leuchtturm mit einiger Verspätung seinen Dienst auf.

Die Leuchtturmwärter, die zu seinen Füßen wohnten, sorgten dann über sechzig Jahre für den störungsfreien Betrieb, bis 1982 die schon 1977 angelegte Fernsteuerungsverbindung angeschlossen wurde und den letzten Leuchtturmwärter von dieser Station verdrängte.

Heiligenhafen

Leitfeuer

Position 54° 22'N 11° 01'E

In Betrieb seit 1938
Bauwerkhöhe: 14m
Feuerhöhe: 17m
Tragweiten: weiß 13sm · rot 10sm · grün 9sm
Optik: Gürtelleuchte
Fernsteuerung

Obwohl Heiligenhafen frühzeitig und vielfach durch die Obrigkeit Förderung erhielt (1325 erstes Zollprivileg, um 1350 Hafengerechtsame, 1389 Ausfuhrrecht für das Land Oldenburg) entwickelte sich der Hafen wegen der flachen Zufahrten und dem vorgelagerten Graswarder Sand nur spärlich.

Da die ansässigen Fischer auch nachts immer häufiger fischten und ihre Fahrt nicht vorzeitig auf diesem Sand beenden wollten, veranlaßten sie 1885 die Anbringung einer Positionslaterne an einem ihrer Häuser. Das rote Licht der Laterne war nur in einem bestimmten Sektor sichtbar und leitete die Schiffe an den Untiefen vorbei zu den Liegeplätzen in dem Stadtteil Ortmühle. Zwanzig Jahre später brannte das Haus mit der Laterne ab.

Weiter östlich und damit dichter zum Fahrwasser leuchtete als Ersatz ab 1907 ein zwölf Meter hoher runder Leuchtturm. Witterungseinflüsse zermürbten jedoch das Mauerwerk des Turmes so stark, weswegen schon 30 Jahre später ein neuer soliderer Turm gebaut werden mußte. 1938 war der neue viereckige Leuchtturm fertiggestellt und weist seitdem den Schiffen den Weg nach Heiligenhafen.

Den alten runden Turm riß man ab, doch an ihn und die Fischerlaterne erinnern die metallenen Jahreszahlen, die auf der Seeseite des neuen Leuchtturmes angebracht sind.

Strukkamphuk

Unterfeuer, Orientierungsfeuer

Position 54° 25'N 11° 06'E

In Betrieb seit 1935
Bauwerkhöhe: 9m
Feuerhöhe: 7m
Tragweiten: weiß 9sm · rot 6sm
Optik: Gürtelleuchte
Fernsteuerung

Wichtiger als die sichere Passage im Norden der Insel am Fehmarnbelt, seit 1832 durch den Leuchtturm Marienleuchte befeuert, war für Fehmarn die Durchfahrt im Süden durch den Fehmarnsund, denn hier lagen in den Buchten die Häfen der "Kornkammer Fehmarn". Hier war auch die Verbindungsstelle von und zum "Kontinent", dem schleswig-holsteinischem Festland. An dieser engsten Stelle des Sundes, dicht östlich der Rampe zur heutigen Sundbrücke, befand sich Mitte des 19.Jahrhunderts die Landungsstelle für das Postschiff. Für das zeigte man hier von 1854 bis 1872 ein kleines Feuer von zwei Seemeilen Tragweite. Seit 1872 leuchtete dann von der Strukkamphuk ein weißes festes Orientierungsfeuer. Grössere Bedeutung hatte dieses Feuer aber als Unterfeuer zum Flügger Oberfeuer, denn mit diesem zusammen bezeichnete es die enge östliche Sund-Zufahrt. Seine Laterne mit Gürtelleuchte, deren Tragweite acht Seemeilen betrug, hißte der Wärter an einem Holzständer auf fast drei Meter Höhe. Neben dieser Leuchteneinrichtung stand ein kleines gelbes Backsteinhaus mit Schieferdach, das alle nötigen Materialien barg und dem Wärter Unterschlupf während der Dienstzeit bot.

1896 ersetzte ein fünf Meter hohes achteckiges Laternenhäuschen aus Eisen die alte Leuchteneinrichtung. Ein sogenanntes schwedisches Drehfeuer mit Spiritusglühlicht gab ihm eine neue Lichtkennung. Eine Explosion des neuen Brenners unterbrach nach kurzer Zeit für viele Monate den Betrieb. Im darauffolgenden Jahr übernahm ein Fehmaraner den Posten des bisherigen Wärters.

Da das eiserne Laternenhäuschen nach einigen Jahrzehnten Aufenthalt in der Nähe des Salzwassers stark verrostet war, errichtete man einen Betonturm an seiner Stelle. Ab 1935 leuchtete dann zwanzig Jahre ein Flüssiggasglühlicht in dem neuen Leuchtturm, obwohl schon für 1939 die Elektrifizierung vorgesehen war. Erst 1955 erlosch die Gasflamme und machte einer 60 Watt Glühlampe Platz, deren Licht eine 56cm hohe Gürteloptik verstärkt.

Flügge

Orientierungs- und Oberfeuer

Position 54° 26'N   11° 01'E

In Betrieb seit 1916
Bauwerkhöhe: 37m
Feuerhöhe: 38m
Tragweite: weiß 17sm
Optik: Gürtelleuchte, Linsenleuchte
Fernsteuerung

Für die Schiffahrt war das "Flügger Holz" schon seit langem eine natürliche Landmarke. Als diese Baumgruppe abstarb, verlor die Schiffahrt einen wichtigen Orientierungspunkt auf Fehmarn, weshalb das zuständige Ministerium 1870 den Bau eines Leuchtturms genehmigte. An der Stelle des abgestorbenen Gehölzes entstand auf der vorgelagerten Halbinsel "Krummsteert" ein achteckiger gelber Backsteinturm, der eine eiserne Laterne mit einer Gürtelleuchte 4.Ordnung trug. Die damit erreichbare Tragweite betrug 13 sm. 1872 waren der 16m hohe Leuchtturm und das Wärterhaus fertiggestellt. Carl Heinrich Wilhelm Drewes, bis dahin Leuchtfeuer-Assistent am Leuchtturm Marienleuchte, zündete das weiß leuchtende Festfeuer. Seitdem warnt Flügge vor den Untiefen "Breiter Barg" und "Flügger Sand" und bezeichnet als Oberfeuer mit Strukkamphuk als Unterfeuer die schmale Fahrrinne des östlichen Fehmarnsundes. 1892 erhielt der Leuchtturm einen hellroten Anstrich, den ein 1m breiter zinnoberroter Streifen unterhalb der Laterne abschloß.

In den Jahren 1914/15 wuchs neben Flügge ein neuer Turm empor, der zwar ebenfalls achteckig und aus dem gleichen Material aufgemauert wurde, doch mehr als doppelt so hoch aufragte. Im Gegensatz zu den senkrechten Mauern des alten Leuchtturmes verjüngten sich die des neuen Turmes konisch und gaben diesem ein schlankes, elegantes Aussehen. 1916 übernahm dieser neue Flügger Leuchtturm seine Aufgaben zunächst mit einem Benzol-, später mit einem Flüssiggas-Glühlicht als Lichtquelle. Seit 1954 speist elektrischer Strom die Anlage, und zur Bezeichnung der Richtfeuerlinie erhielt der Turm 1977 eine Linsenleuchte. Sein ursprünglich gelbes Mauerwerk verschwand 1976/77 hinter den charakteristischen roten und weißen Glasal-Platten. Verschwunden ist auch der alte Leuchtturm, der kurz nach dem Verlöschen seines Lichts abgerissen wurde. Ein versteckter Rest des Untergeschosses neben dem alten Wärterhaus erinnert an ihn.

Westermarkelsdorf

Orientierungs- und Warnfeuer

Position 54° 32'N 11° 04'E

In Betrieb seit 1881
Bauwerkhöhe: 18m
Feuerhöhe: 16m
Tragweiten: weiß 18sm · rot 15sm
Optik: Gürtelleuchte
Fernsteuerung seit 1984

Nur allmählich taucht die flache Nordwestecke der Insel in den Fehmarnbelt. In ausdauernder Arbeit hat die Strömung ihre Sand- und Geröllfracht abgeladen, die die Brandungswellen zu einem über zwei Meter hohen Wall aufwarfen, und der damit die unter Naturschutz stehenden Binnenseen und Salzwiesen vom Meer abtrennte.

Mitte des 19.Jahrhunderts wurde dieses flache Land eingedeicht. Trotzdem drang die drei Meter hohe Katastrophen-Flut von 1872 tief in das Innere der Insel. Hinter dem inzwischen erhöhten Deich entstand 1881 der kleine Leuchtturm Westermarkelsdorf, um die Schiffahrt vor dem Flachgebiet an der nordwestlichen Ecke Fehmarns zu warnen. Durch seinen achteckigen Grundriß und den früheren, ein Meter breiten zinnoberroten Streifen ähnelte er damals sehr dem ersten Flügger Leuchtturm von 1872. Nur dessen Höhe erreichte er mit seinen zwölf Metern erst 1902 nach der Aufstockung auf achtzehn Meter. Das Licht des Westermarkelsdorfer-Blitzfeuers erzeugten zunächst Öl- und Gasbrenner, erst ab 1925 fand elektrische Energie Verwendung. Die gute Bausubstanz erlaubte sowohl 1950 die Modernisierung, als auch 1984 den Anschluß des Turmes an die Fernsteuerung.

Ein trauriges Ereignis bleibt noch für das Jahr 1940 nachzutragen, als drei kriegsdienstverpflichtete Arbeiter bei Bauarbeiten durch die Berührung des blanken Stromkabels starben.

Marienleuchte - neuer Turm

Quermarken- und Orientierungsfeuer

Position 54° 30'N 11° 14'E

In Betrieb seit 1967
Bauwerkhöhe: 33m
Feuerhöhe: 40m
Tragweiten:
weiß 21sm · rot 18sm
Optik: Linsenleuchte
Fernsteuerung

Marienleuchte - alter Turm

Orientierungsfeuer

Position 54° 30'N 11° 14'E

In Betrieb
von
1832 – 1967
Bauwerkhöhe: 18m
Feuerhöhe: 28m
Tragweiten:
weiß 27sm · rot 22sm

Eine nächtliche Fahrt durch den Fehmarnbelt war zu Beginn des 19. Jahrhunderts keine ungefährliche Passage. Im Norden, bei den Inseln Lolland und Falster, drohte der Rød-Sand, im Süden lauerte vor Fehmarn das Puttgardenriff mit seinen steinigen Gründen. Beide Untiefen wurden vielen Schiffen gerade bei Dunkelheit zum Verhängnis. Auch hatten die Feuer der Leuchttürme von Gjedser und Fakkebjerg nicht die Reichweite, um Orientierungshilfen zu sein.

Dieser Zustand gehörte vom 28.Oktober 1832 der Vergangenheit an, als die persönlich anwesende dänische Königin Maria Sophie Friederike, zusammen mit König Frederik VI, an ihrem Geburtstag den nach ihr benannten Leuchtturm auf der Ohlenborgshuk (kleines Bild)einweihte. Zur deutlichen Unterscheidung zu den Leuchttürmen Fakkebjerg und Gjedser erhielt Marienleuchte eine Drehlichteinrichtung, die sechs Rüböllampen mit Hohlspiegeln trug. Diese Apparatur drehte sich in drei Minuten einmal um ihre Achse und erzeugte für 10 Sekunden einen Lichtschein nach jeweils 20 Sekunden Dunkelphase. Allerdings war die Lichtausbeute mit knappen vier Seemeilen Tragweite sehr gering, und erst 1864, bereits unter preußischer Verwaltung, erhöhte eine Gürtellinse mit Petroleumbrenner die Tragweite auf über zehn Seemeilen. Die 1877 eingebaute Fresnelsche Linsenoptik verstärkte den Lichtstrahl noch mehr. Über die gleichzeitig geänderte Kennung wurden aber Unregelmäßigkeiten gemeldet. Anscheinend hatte der Drehmechanismus mit der Zeit doch etwas gelitten. Obwohl 1919 elektrifiziert, rüstete man aber erst 1955 den Drehantrieb mit einem Elektromotor aus.

Nach 135 Jahren Betrieb verlöschte 1967 das Feuer des alten Turmes. Der neue Leuchtturm (großes Bild) übernahm nicht nur die Aufgabe sondern, auch den Namen seines Vorgängers.

Staberhuk

Orientierungsfeuer

Position 54° 24'N 11° 19'E

In Betrieb seit 1904
Bauwerkhöhe: 22m
Feuerhöhe: 25m
Tragweiten: weiß 18sm · grün 14sm
Optik: Gürtellinse
Fernsteuerung

Wäre es nach den Plänen gegangen, mit denen sich eine dänische Kommission schon 1804 beschäftigte, stünde auf der Staberhuk heute einer der ältesten Leuchttürme Deutschlands. Die Ohlenburgshuk, auf der der Leuchtturm Marienleuchte steht, erhielt dann knapp 30 Jahre später den Vorzug. Erst als 1900 ein Torpedoboot der kaiserlichen Marine bei Staberhuk strandete, war dies Anlaß genug, hier einen Leuchtturm aufzustellen.

1903 begannen die Arbeiten für den jüngsten Leuchtturm Fehmarns. Aus gelben Backstein, der auch bei vielen anderen Leuchttürmen Fehmarns Verwendung fand, entstanden Wärterhaus und der besonders stämmige Turm. Er hatte nämlich nach seiner Fertigstellung keine gewöhnliche Laterne zu tragen, sondern die gußeiserne des alten Leuchtturmes von Helgoland. Dieser, 1811 von den Engländern errichtet, hatte zwar 1875 eine neue Gürtellinsenoptik erhalten, war aber 1902 durch einen neuen Helgoländer Turm ersetzt worden. Das fast 2,5m hohe Glasungetüm wurde nach Fehmarn geschafft und schickt dort seit 1904 seine Lichtbalken über See, die seit 1928 von einer elektrischen Glühlampe ausgehen.

Da die gelben Steine des Leuchtturmes an der Westseite den wechselnden Witterungseinflüssen nicht standhielten, tauschte man diese gegen rote Ziegel aus. Eine Charakteristik des Leuchtturmes, die sicher einmalig ist.

Nachzutragen bleibt noch, daß auf Staberhuk Ernst Ludwig Kirchner malte und mit Freunden der expressionistischen Künstlervereinigung "Brücke" (1905-1913) hier oft zusammengekommen ist.

Dahmeshöved

Orientierungsfeuer

Position 54° 12'N 11° 06'E

In Betrieb seit 1880
Bauwerkhöhe: 29m
Feuerhöhe: 34m
Tragweite: weiß 23sm
Optik: Gürtelleuchte
Fernsteuerung seit 1978

Abrupt verändert die nordöstlich verlaufende Küste bei Dahmeshöved die Richtung nach Norden und öffnet sich zur Mecklenburger Bucht. Um einen Leuchtturm aufzustellen, bot sich hier im wahrsten Sinne des Wortes ein hervorragender Ort an. Denn zusätzlich sicherte die erhöhte Lage auf den aufgewehten Dünen vor möglichem Hochwasser, das aus der opferreichen Sturmflut vom November 1872 noch in frischer Erinnerung war.

1878 begannen unter Leitung des Civilingenieurs L.A.Veitmeyer die Bauarbeiten am achteckigen Ziegelturm, dem ein dreistöckiges Wohn- und Diensthaus angeschlossen wurde. Unweit dieser Gebäude entstand noch ein achtzehn Meter hoher Beobachtungsturm mit dem Wachraum für die Wärter. 1880 war der Leuchtturm fertiggestellt und eine 66cm hohe Gürtellinse mit 500mm Brennweite und lichtverdichtenden drehbaren Prismenstäben in dem Laternenhaus installiert worden. Alle fünf Sekunden blitzte das weiße Licht vom 1.Februar an aus der Laterne. Die Tragweite, wegen der Petroleumlampe zunächst nur 14 Seemeilen, betrug nach der Umstellung auf Gasversorgung 23 Seemeilen. Mit dem Anschluß an das Stromnetz änderte sich nach dem 1.Weltkrieg auch das Turmäußere durch einen roten Farbanstrich mit einem breiten weißen Ring, der 1982 wieder entfernt wurde.

Mit Wehmut erinnerte sich die Tochter eines Leuchtturmwärters an die früheren Zeiten, als der Turm gegen 5 Pfennig Eintritt bestiegen werden konnte. Seit dem Anschluß an die Fernsteuerung ist eine Besichtigung nicht mehr möglich.

1936

Pelzerhaken

Orientierungsfeuer

Position 54° 05'N 10° 52'E

In Betrieb seit 1843
Bauwerkhöhe: 19m
Feuerhöhe: 21m
Tragweiten: weiß 14sm · rot 11sm · grün 10sm
Optik: Gürtelleuchte
Fernsteuerung

Nach der Chronica Slavorum des Helmold von Bosau lag bis ins 12.Jahrhundert im Gebiet des heutigen Neustadt der Schlupfwinkel der Seeräuber (spelunca latronum). Das 1242 von Graf Adolf IV gegründete Neustadt sollte, wie auch die fast gleichzeitige Gründung von Kiel, der Hansestadt Lübeck Konkurrenz machen. Vergeblich, denn 600 Jahre später war es eben nur Dänemarks südlichster Ostseehafen.

Die fast versteckte Lage hinter dem Pelzer Haken und die enge Zufahrt zum Hafen führten 1842/43 zum Bau eines Leuchtturms mit Lotsenhaus. In ihm hatten sowohl der Leuchtturmwärter, der bis zum Abzug der Dänen 1864 zugleich Zollassistent war, als auch der Lotse ihre Dienstwohnung. 1876 bezog dann der Lotse sein eigenes Dienstgebäude. Der Leuchtturm war ein etwa zwölf Meter hohes, viereckiges, weißes Gebäude. Seine Laterne mit Drehlinsenoptik und Petroleumlampe zeigte ein weißes Feuer, das alle zwei Minuten zweimal (im Abstand von 15 Sekunden für 13 Sekunden) unterbrochen wurde.

Weil die Höhe des Feuers 1936 nicht mehr ausreichend war, mußte Pelzerhaken auf 19 Meter erhöht werden und erhielt gleichzeitig eine Verblendung aus Ziegelsteinen. Da man es in jener Zeit nicht allzu genau mit der Wahrheit nahm, deklarierte man den Umbau zum Neubau. Diesen Anspruch bekunden an der Seeseite des Turmes noch heute Jahreszahl, Adler und Eichenkranz - das Hakenkreuz wurde nach dem 2.Weltkrieg entfernt.

MARITIM

Travemünde - alter Turm

Leitfeuer

Position 53° 58'N 10° 53'E

In Betrieb von 1539-1972
Bauwerkhöhe: 31m
Feuerhöhe: 31m

Tragweite:
weiß 21sm

Travemünde - neues Feuer

Orientierungsfeuer

Position 53° 58'N 10° 53'E

In Betrieb seit 1974
Bauwerkhöhe: 113m
Feuerhöhe: 115m
Tragweiten:
weiß 19sm · rot 16sm
Optik: Gürtelleuchte und Spiegel-Drehfeuer
Fernsteuerung

Aus Skandinavien kommen die ältesten Zeugnisse von künstlichen Seezeichen im Bereich der Ostsee. Sie gelten als Vorbild für den Turm, der damals noch ohne Licht als Tagessichtzeichen an der Travemündung stand. Vermutlich 1217 durch Albrecht von Orlamünde, den Statthalter des dänischen Königs Waldemar II, errichtet, wird das Bauwerk 1226 zum ersten Mal in einer lübeckischen Urkunde erwähnt. Nach diesem Vorbild haben die hansischen Nachbarstädte Wismar, Rostock und Stralsund an ähnlichen Stellen die eigenen Hafeneinfahrten markiert.

Aus Italien über Flandern kamen dann im 14.Jahrhundert die Anregungen, Seezeichen zu befeuern. Mit einer Kämmerei-Rechnung von 1316, die den ersten (deutschen) Leuchtturmwärter *(custos lucernae)* aufführt, ist damit auch für Travemünde ein Feuer nachgewiesen, das erste an unseren Küsten. Nur die Art des Feuers ist bis heute unbekannt. Während des Krieges gegen Christian III, in der sogenannten Grafenfehde, belagerten dänische Truppen Lübeck und zerstörten 1534 den mittlerweile über 300 Jahre alten Leuchtturm.

1539 baute die Stadt den heutigen Turm an gleicher Stelle wieder auf und betrieb darauf vermutlich ein offenes Holzfeuer. An dessen Stelle traten später Hanföl-Lampen mit vergoldeten Hohlspiegeln. Der obere Turmteil wurde 1827 nach einem durch Blitzeinschlag verursachten Brand in klassizistischem Stil erneuert und mit Petroleum-Lampen versehen, und seit 1903 leuchteten elektrische Lampen. 1972 erlosch das Feuer auf Deutschlands dienstältestem Leuchtturm.

Erst 1974, nach Fertigstellung des neuen Gebäudes, konnte das neue Feuer gezündet werden. Neben den Superlativ des ältesten deutschen Leuchtturms wurde jetzt ein anderer gestellt: Deutschlands höchster Feuerträger mit der höchsten Bewohnerzahl: das Maritim-Hochhaus.

Travemünde-Nordmole

Molen- und Orientierungsfeuer

Position 53° 58'N 10° 53'E

In Betrieb seit 1967
Bauwerkhöhe: 9m
Feuerhöhe: 11m
Tragweiten: rot 6sm · grün 5sm
Optik: Gürtelleuchte
Fernsteuerung

Die Grundlage für das Molenfeuer schuf die Stadt Lübeck schon 1465. Damals baute sie beiderseits der Travemündung Steinkistendämme gegen Versandung, die ab 1830 durch Steinmolen ersetzt wurden.

Auf der in jüngster Vergangenheit verlängerten Nordmole entstand 1967 eine Molen-Bake aus Stahlbeton und Glasbausteinen. Mit dem grünen Feuer kennzeichnet sie die Steuerbordseite der Einfahrt, der rote Sektor warnt vor dem Steinriff am Brodtener Ufer.

Die in Deutschland einmalige Innenbeleuchtung hinter den weißen Glasbausteinen ist eine energiesparende Alternative zur sonst üblichen Anstrahlung.

Timmendorf

Leit- und Quermarkenfeuer

Position 54° 00'N 11° 23'E

In Betrieb seit 1.10.1872
Bauwerkhöhe: 21m
Feuerhöhe: 21m
Tragweiten: weiß 15sm · rot 12sm · grün 10sm
Optik: Gürtellinse
Fernsteuerung seit 1978

Durch Lübeck gefördert, begann Ende des 12. Jahrhunderts der Aufstieg Wismars. Nach Vorbild Lübecks in Travemünde errichtete Wismar zur Kennzeichnung der Hafenzufahrt um 1266 einen Turm auf der Insel Lieps, gegenüber der Insel Poel. Turm und Insel sind heute verschwunden. Von der Insel zeugt nur noch eine zeitweise trocken fallende Untiefe und über den Turm sind nur spärliche Nachrichten hinterlassen.

Ungewiß ist auch, wann bei Timmendorf auf Poel das erste Seezeichen stand. Über eine abgerissene hölzerne Bake, die ein runder, unbeleuchteter Turm ersetzte, berichtete eine Zeitung im Oktober 1871. Ein Jahr später, am 1. Oktober 1872, zündete dann der Leuchtturmwärter das Petroleumlicht auf dem nun mit einer Leuchte versehenen Ziegelturm. Eingerahmt von Wärter- und Lotsenhaus ragte der weiße Leuchtturm nur 17 Meter hoch über den Erdboden. Obwohl diese Höhe schon um die Jahrhundertwende nicht mehr ausreichte, wurde das Gebäude erst in den Wintermonaten der Jahre 1930/31 auf 21 Meter aufgestockt, sichtbar an dem unverputzten Oberteil. Gleichzeitig erhielt es eine neue Laterne und eine neue Gürtelleuchte mit einer auf 1000 Watt erhöhten Leistung der schon früher installierten Lampe.

Nicht lange nach der Übernahme des Seezeichens durch den Seehydrographischen Dienst der DDR, am 27.7.1950, verschwand auch die Berufsbezeichnung des Leuchtfeuer-Wärters, dafür gab es ab 1. August 1952 hier einen Leuchtfeuer-Maschinisten. Aber auch dieser hielt sich nicht allzu lang am Timmendorfer Leuchtturm, denn seine Aufgaben erledigte schließlich bis 1977 ein Lotse und danach die Fernsteuerung.

Walfisch

Ober-, Quermarken-, Orientierungs- und Leitfeuer

Position 53° 57'N 11° 26'E

In Betrieb seit 1938
Bauwerkhöhe: 15m
Feuerhöhe: 17m
Tragweiten: weiß 15sm/11sm · rot 8sm · grün 7sm
Optik: Signalscheinwerfer und Gürtelleuchte
Fernsteuerung seit 1978

Die Ähnlichkeit mit einem aufgetauchten Wal könnte Walfänger des 17. Jahrhunderts dazu angeregt haben, der kleinen Insel ausgerechnet diesen Namen zu geben. Nur, das ist reine Spekulation. Sicher ist, daß auf dieser Insel schon während des Dreißigjährigen Krieges bis 1718 eine strategisch wichtige Festung lag.

Nicht minder bedeutsam für die Schiffahrt, entwickelte sich die Insel als Seezeichenstandort. Bereits ab 1859 wiesen zunächst unbeleuchtete hölzerne Baken den Seefahrern den Weg in die innere Bucht nach Wismar, die ab 1902 möglicherweise ein Gasfeuer trugen. Durch einen 1903 entstandenen Sturmschaden mußte dieses Seezeichen aber ersetzt werden. Dazu kam es jedoch erst Jahre später. Ein möglicher Grund für den späten Ersatz ist dadurch erklärt, daß 1903, bei der Übertragung des damals schwedischen Wismar an Mecklenburg, die Insel Walfisch vergessen wurde. Nach der Klärung des Problems und damit der Zuständigkeit der Behörde war es 1906 möglich, eine neue hölzerne Bake mit einer Wigham-Lampe, benannt nach ihrem irischen Erfinder, aufzustellen.

Die Stahlbaufirma Andersen aus Kiel errichtete 1938 die heutige eiserne Gitterbake, die das alte Holzgestell ablöste. Eine 710mm hohe Gürteloptik und ein Flüssiggasbrenner sorgten für bessere Befeuerung und einfachere Unterhaltung. Noch um 1945/46 erfolgte die Umstellung des Feuers auf Propangas und 1978 auf elektrische Energie mit gleichzeitigem Anschluß an die Fernsteuerung über ein neu verlegtes Seekabel. Dies war die letzte große Modernisierung des Feuers.

Heute versteckt sich die 1985 überholte Bake mit dem schon traditionellen Grau der Gitterkonstruktion und dem weißen Laternenhaus in der grünen Wildnis des Natur- und Vogelschutzgebietes Walfisch.

Golwitz / Gollwitz

Unter-, Quermarken- und Leitfeuer

Position 54° 01'N 11° 28'E

In Betrieb seit 1953
Bauwerkhöhe: 10m
Feuerhöhe: 13m
Tragweiten: weiß 17sm · rot 13sm · grün 12sm
Optik: Gürtellinse und Signalscheinwerfer
Fernsteuerung seit 1978

Wismar bei Nacht anzulaufen oder es bei Dunkelheit zu verlassen, war bis 1929 für die Schiffahrt fast unmöglich. Schon am Tage mußte ein Schiffer in kursenreicher Fahrt den vielen Untiefen ausweichen. Ein Unterfangen, das seine volle Aufmerksamkeit verlangte. Wer es trotzdem bei unsichtigem Wetter oder bei Dunkelheit versuchte, mußte das Gewässer kennen wie seine Westentasche oder sein Glück arg strapazieren. Das hieß entweder auf See vor Anker zu gehen oder im Hafen zu bleiben und dies kostete natürlich Zeit und Geld.

Um diesen Zustand zu beenden, beantragte 1929 das zuständige Wasserstraßenamt bei der vorgesetzten Behörde die Verbesserung der Befeuerung der Zufahrt nach Wismar. Durch die im gleichen Jahr erteilte Genehmigung konnte ein eiserner Gitterturm für eine Leuchtbake aufgebaut werden. Da das Stromnetz noch nicht bis an den Turm reichte, erhielt seine Laterne einen Flüssiggasbrenner als Lichtquelle, die schon ab Oktober 1929 über das Wasser leuchtete.

In der Nähe des alten Feuers entstand 1953 ein neuer Leuchtturm: ein einfacher Zweckbau, dessen roter Teilanstrich und das angeschlossene weiße Maschinenhaus nur wenig die Kargheit der Architektur milderten. Allerdings hatte der Turm jetzt elektrischen Anschluß, aber bis auf eine geringfügige Leistungserhöhung des Lichts blieb vorerst alles beim alten. Erst die 1956 eingerichtete Richtfeuerlinie, mit dem Leuchtturm als Unterfeuer, erleichterte auch größeren Schiffen die Passage durch das Große Tief. Dabei diente das dem Gebäude aufgesetzte Dreieck-Topzeichen auch gleichzeitig als Tagessichtzeichen.

Die Rationalisierung machte auch östlich des früheren Eisernen Vorhangs nicht halt, als die Leuchtfeuermaschinisten 1978 Golwitz verließen und das Feuer aus der Ferne überwachten.

Buk

Orientierungs- und Warnfeuer

Position 54° 08'N 11° 42'E

In Betrieb seit 1878
Bauwerkhöhe: 21m
Feuerhöhe: 95m
Tragweite: weiß 24sm · rot 20sm
Optik: Linsensystem
Fernsteuerung seit 1978

Bis in die 2. Hälfte des 19.Jahrhunderts war die Befeuerung der Mecklenburger Bucht unbefriedigend. Zwischen den am Ende der Lübecker Bucht aufgestellten Leuchttürmen bei Travemünde bzw. Pelzerhaken (Neustadt) und auf dem Darßer Ort lagen knapp 70 Seemeilen fast unbefeuerter Küste. Den nachts an dieser Küste fahrenden Schiffen boten weder die schwache Hafenleuchte in Warnemünde noch der weit im Norden leuchtende Turm von Gjedser eine Navigationshilfe. Zur Verbesserung dieser Situation einigten sich 1871 die an den Beratungen beteiligten "Nautischen Vereine" auf ein kleines Feuer für die Ansteuerung der gefährlichen Wismar Bucht und ein großes auf der Landspitze Buk.

Nachdem der Leuchtturm auf Poel schon 1872 für die Ansteuerung Wismars den Betrieb aufnahm, begannen erst 1877 die Arbeiten an dem höchst gelegenen Leuchtturm Deutschlands. Mündlichen Überlieferungen zufolge waren die Handwerker in dem 14 km entfernten Ort Kröpelin untergebracht. Zu Fuß mußten sie die Baustelle bis 7.00 Uhr erreicht haben, um dann 10 Stunden lang hart zu arbeiten. Dann kam wieder der Rückmarsch, im Sommer und Winter, bei Sonne, Regen oder Schnee. Nach langen eineinhalb Jahren stand der Turm, und ab 1. Dezember 1878 leuchtete das Feuer von Buk mit einer lichtverstärkenden Optik 2.Ordnung über die See und sein roter Sektor warnte vor den Untiefen der Wismar Bucht.

1912 verlöschte seine Petroleumleuchte, denn Buk erhielt als einer der ersten deutschen Ostsee-Leuchttürme elektrische Befeuerung.

Boutique

Warnemünde Feuer

Seefeuer

Position 54° 11'N 12° 05'E

In Betrieb seit 1898
Bauwerkhöhe: 31m
Feuerhöhe: 34m
Tragweiten: weiß 20sm
Optik: Gürtellinse 700mm
Fernsteuerung seit 1978

Warnemünde-Mittelmole

Molenfeuer

Position 54° 11'N 12° 05'E

In Betrieb seit 1990
Bauwerkhöhe: 11m
Feuerhöhe: 15m
Tragweite: weiß 8sm
Optik: Gürtellinse
Fernsteuerung

Warnemünde-Westmole

Molenfeuer

Position 54° 11'N 12° 05'E

In Betrieb seit 1982
Bauwerkhöhe: 12m
Feuerhöhe: 14m
Tragweite: grün 5sm
Optik: Gürtellinse
Fernsteuerung

Warnemünde-Ostmole

Molenfeuer

Position 54° 11'N 12° 06'E

In Betrieb seit 1903/1960
Bauwerkhöhe –
Feuerhöhe: 11m
Tragweite: rot 3sm
Optik: Gürtellinse
Fernsteuerung

Erstaunlicherweise sind vom ältesten Feuer Warnemündes weder Chroniken noch Abbildungen überliefert. Nur ein Ausgabenbeleg des Stadtkämmerers der Hansestadt Rostock aus dem Jahre 1349 zeugt von seiner Existenz. In der 1757 verfaßten Historie des Rostocker Bürgermeisters Heinrich Nettelbladt beschreibt dieser rückblickend einen "..Leuchtenthurm, worin eine große Leuchte hing..".

Eine Ziehlaterne mit Petroleumbefeuerung war seit 1836 Vorgänger des heutigen Seefeuers (Bild links), allerdings nur als Hafenfeuer. Für den 1863 geplanten und genehmigten Leuchtturm begannen erst 30 Jahre später die Bauarbeiten. Das Fundament ruht sechs Meter unter Bodenniveau auf 33 Pfählen, die man elf Meter in den Dünenboden rammte. Die unterirdischen Kellergewölbe des Turmes enthielten unter anderem vier Bottiche mit je 200 Litern Petroleum für die Brenner der Lampe. Der oberirdische Teil des Turmes

erhielt eine Verblendung aus glasierten weißen Ziegeln, mit dunklen Steinstreifen bis zur ersten Galerie. Provisorische Bogenlampen leuchteten ab Mai 1898 bis zur endgültigen Indienststellung.

Aus der sechs Meter hohen Laterne des Leuchtturmes blitzte am 19. Oktober 1898 zum ersten Mal das Feuer über die Ostsee. Eine Fresnelsche Optik 2. Ordnung mit lichtverdichtenden umlaufenden Prismenstäben (wie es sie sonst nur noch im Leuchtturm Dahmeshöved gibt) und ein fünfdochtiger Petroleumbrenner, seit 1919 eine elektrische Glühlampe, erzeugten einen Lichtbalken von 20 Seemeilen Sichtweite.

Schon fünfzig Jahre nach Betriebsbeginn zeigte der Turm Risse im Mauerwerk. Doch nicht die Bomben des Krieges, sondern ein zu kleines Fundament, zu harter Mörtel und, an besonderer Stelle, ein nicht mehr genutztes eingemauertes Ofenrohr waren die Ursachen. Trotz mehrfacher Reparaturen mußte der Turmaufgang 1980 gesperrt werden. Die von 1982 bis 1991 durchgeführte erfolgreiche Sanierung sichert ihn vor dem weiteren Verfall.

Die Molenfeuer hatten mit ihren geringen Tragweiten mittlerweile die Aufgaben des früheren Hafenfeuers übernommen. Das älteste noch erhaltene und funktionstüchtige Bauwerk ist die 1903 erbaute rotweiße Leuchtbake der Ostmole, die bis 1960 auf der jetzigen Yachthafenmole stand. Auf der heutigen Mittelmole steht seit 1990 ein sechseckiger gelber Stahlturm. Das grünweiße Westmolenfeuer ist fast ein Duplikat des Turmes von 1963, den Wellen und Salzwasser so sehr zernagten, daß er 1985 ersetzt werden mußte.

Wustrow

Orientierungsfeuer

Position 54° 20'N 12° 23'E

In Betrieb seit 1911/1933
Bauwerkhöhe: 10m
Feuerhöhe: 12m
Tragweite: weiß 16sm
Optik: Gürtellinse
Fernsteuerung seit 1978

Nachdem bei dickstem Nebel der schwedische Dampfer "Koster" 1908 auf dem Fischland bei Wustrow gestrandet war, stellte das Großherzogliche Seeamt ein dringendes Bedürfnis zur Errichtung eine Nebelsignalstation fest. Noch im gleichen Jahr fand eine Besichtigung des möglichen Aufstellungsortes statt und eine endlos dauernde Diskussion über die Ausstattung der Station folgte. Als dann noch der Hamburger Gaffelschoner "Sturmvogel I" 1910 in der Nähe bei Altenhagen strandete, schien dies die Entscheidungsfindung zu beschleunigen. Das Reichs-Marine-Amt unterstützte nun die Errichtung eines bisher umstrittenen Feuers in der Nähe der neuen Nebelsignalstation.

Und nun ging es in den Behörden Schlag auf Schlag. Das Großherzogliche Ministerium des Innern zu Schwerin bekundete seine Zustimmung. Daraufhin bestellte das Großherzogliche Mecklenburgische Amt Ribnitz am 30. Januar 1911 beim Hofklempnermeister Seiner Königlichen Hoheit des Großherzogs von Mecklenburg-Schwerin – Klempnerei und Kupferschmiede Peters in Rostock – eine Küsten-Leuchtfeuer-Laterne. Am 1. März 1911 war es vollbracht und die mit Dampf betriebene Nebelsignalstation fertiggestellt. Am Schornstein des Maschinenhauses hing in einer Aufzugsvorrichtung die Laterne.

Seit 1922 versorgte elektrischer Strom die Schall- und Leuchtanlage. Doch die Laterne erfüllte ihre Aufgabe nicht zufriedenstellend. Deswegen setzte man dem Maschinenhaus 1933 an der Nordwestecke einen kleinen Turm mit neuer Laterne auf und entfernte die alte Einrichtung. Eine 1972 eingebaute Sichtweitenmeßanlage automatisierte die gesamte Anlage, die dann 1978 Anschluß an die Fernüberwachung fand.

Die Empfehlung des Internationalen Seezeichenverbandes entschied 1987 den früheren Streit von 1910 zum zweiten Mal: das Nebelsignal wurde abgeschaltet, das gegen Widerstände errichtete Leuchtfeuer leuchtet weiterhin.

Darßer Ort

Seefeuer

Position 54° 28'N 12° 30'E

In Betrieb seit 1849
Bauwerkhöhe: 35m
Feuerhöhe: 33m
Tragweite: weiß 20sm
Optik: Gürtellinse
Fernsteuerung seit 1978

Beim Durchfahren der Kadet-Rinne, wo die dänische und die deutsche Küste nur 18 Seemeilen trennen, müssen die Schiffe einen weiten Abstand zu den Ufern halten. Zusätzlich schiebt sich unter Wasser das Gjedser Riff von Norden quer zur Fahrtrichtung, und auf deutscher Seite schwemmen südliche und östliche Strömungen ständig neue Sände auf. Über diesen Untiefen branden bei stürmischen Winden die anlaufenden Ostseewellen zu gefährlichen und vernichtenden Grundseen auf, wodurch hier viele Schiffe strandeten.

Zur Sicherung des Schiffsweges errichtete Dänemark schon 1802 bei Gjedser einen Leuchtturm. Obwohl es auch auf mecklenburgischer Seite am Ende des 18.Jahrhunderts erste Überlegungen und bereits 1817 einen Standortvorschlag gab, konkretisierten sich die Pläne erst um 1839. Endlich, 1847, fiel die letzte Entscheidung zu Gunsten einer französischen Fresnelschen Drehlinse, und unter Federführung des Ingenieures L.A. Veitmeyer wuchs der Turm zwischen den Bäumen des Darß empor. Mit Schiffen wurden die in Neudorf bei Ückermünde gebrannten Ziegelsteine über den, damals noch befahrbaren, Prerowstrom zum Bauplatz transportiert. Die letzten Schrauben der Laterne drehte Veitmeyer am 18.Oktober 1848 höchstpersönlich fest und hinterließ aus diesem Anlaß auf einem Zettel eine kurze Nachricht.

Am Abend des 1 .Januar 1849 huschte der Lichtstrahl des neuen Leuchtturms zum ersten Mal über die See. Ein zweites Feuer in knapp 13m Höhe diente zur Bezeichnung der Untiefen vor den Küsten Falsters und des Darß, es wurde 1911 gelöscht. Die ursprüngliche Lichtquelle des Hauptfeuers, ein Petroleum-Dochtlicht und später -Glühlicht, ersetzt seit 1936 eine elektrische Lampe.

Eine 2000 Watt starke Spezialscheinwerferglühlampe leuchtet heute von dem seit 1978 ferngesteuerten Leuchtturm. Im dunkeln liegt unter seinem Lichtstrahl ein kleines Dorf mit Datschen, die vor 1989 der Oberbefehlshaber der Nationalen Volksarmee der DDR, General Hoffmann, und sein Hofstaat nutzten.

Dornbusch

Seefeuer

Position 54° 36'N 13° 07'E

In Betrieb seit 1888
Bauwerkhöhe: 28m
Feuerhöhe: 95m

Tragweiten:
weiß 21sm · rot 15sm

Optik: Gürtellinse
Fernsteuerung seit 1978

Gellen

Leit- und Quermarkenfeuer

Position 54° 30'N 13° 05'E

In Betrieb seit 1907
Bauwerkhöhe: 12m
Feuerhöhe: 10m
Tragweiten:
weiß 15sm · rot 11sm
grün 10sm
Optik: Gürtellinse
Automatik

In einer Urkunde vom 3. Juli 1306 versprach der Abt des Klosters Hiddensee "..für ewig.." die Leuchte zu versorgen, die von dem Rat der Stadt Stralsund für die gleiche Zeit errichtet und instandgehalten werden sollte. Wie lang diese Vereinbarung tatsächlich gehalten hat, ist unbekannt. Auf Karten des 17. und 18. Jahrhunderts ist eine "Leuchte" im Süden der Insel, dem Gellen, jedenfalls noch eingezeichnet.

Für die Kapitäne der Schiffe, die die aufstrebende Hansestadt Stralsund anliefen, war dieses Zeichen nicht nur Warnung vor den Sänden, sondern auch Orientierungspunkt für die versteckte Einfahrt in den Strelasund. Doch mit dem Erstarken der Niederländer und Engländer sank der Stern der Hanse. Die Warenströme verlagerten sich zu den Handelszentren im Westen Europas, fort von den alten Hansestädten der Ostsee. Mit dem geringeren Schiffsaufkommen sank nicht nur die Bedeutung Stralsunds, sondern auch die des Leuchtturmes auf dem Gellen. Irgendwann verlosch dieses Feuer für immer.

Das nächste Licht eines Leuchtfeuers, das auf Hiddensee brannte, war der Leuchtturm Dornbusch als Teil der generellen Küstenbefeuerung Deutschlands. Auf dem 72 Meter hohen Bakenberg an der Nordspitze von Hiddensee mauerte bis 1888 die Baukolonne auf einem zwölfeckigen Sockel den runden Turm. 13 Ringe aus dunkelroten Ziegeln verzierten die helle obere Turmummantelung. Am 19. November 1888 zündeten die beamteten Leuchtfeuerwärter den 5-dochtigen Petroleumbrenner und setzten den Mechanismus des Drehfeuers, einen Fresnelschen Apparat 2. Ordnung, in Bewegung.

Auf dem Gellen, dem flachen Südteil der Insel, leuchtete ab 1904 ein zweiter Leuchtturm. Zunächst nur probeweise als Leitfeuer und seit dem 15. September 1907 zusätzlich mit einem Quermarkenfeuer. Der kleine eiserne Turm, hergestellt von der Firma Pintsch in Berlin, stand geduckt hinter den Dünen. Das unbemannte, automatische Feuer kennzeichnet im Westen mit einem Leitsektor den Eingang zur Fahrrinne und mit seinem Quermarkenfeuer Kursänderungen im Gellenstrom. Nach Osten bietet das Feuer auch einen guten Orientierungspunkt für die Gewässer zwischen Hiddensee und Rügen. Zur besseren Orientierung in der Gellenzufahrt, erhielt das Feuer des Leuchtturms Dornbusch zusätzlich einen roten Sektor, der sich mit dem Leitsektor des Gellenfeuers überschnitt und die Navigation in diesen flachen Gewässern sicherer machte.

Noch früher als das Feuer Gellen leuchtete ein Leitfeuer vom südlich gelegenen Vierendehl-Grund. Es wurde später mit einem weiteren Turm zu einer Richtfeuerlinie erweitert, die mittlerweile gelöscht ist.

Als sich 1927, nach einer Bodensenkung, in Turm und Fundament des großen Leuchtturms Dornbusch Risse zeigten, war eine Verstärkung unumgänglich, und ihm wurde ein Korsett aus Stahlbeton angepaßt. Seither setzt sich die zwölfeckige Form des Unterbaus bis zur Turmspitze fort.

Arkona - alter Turm

Seefeuer

Position 54° 41'N 13° 26'E

In Betrieb
von 1828-1902/05

Bauwerkhöhe: 21m
Feuerhöhe: 63m
Tragweite: 21sm

Arkona

Seefeuer

Position 54° 41'N 13° 26'E

In Betrieb seit 1902/05
Bauwerkhöhe: 35m
Feuerhöhe: 75m
Tragweiten: weiß 22sm
Optik: Scheinwerferlinse
Fernsteuerung seit 1978

Der große Meister des Klassizismus, Karl Friedrich Schinkel, skizzierte zwischen seinen berühmten Projekten der Schloßbrücke, des Schauspielhauses und dem Schloß Charlottenhof in Berlin und Potsdam, den Alten Leuchtturm Arkona. Die Königlich Preußische Oberbaudeputation erarbeitete daraus die Pläne, die der Oberbauinspector Michaelis von 1826 - 1827 verwirklichte. Mit den klaren Linien und den unverputzten Ziegeln entstand eines der außergewöhnlichsten Leuchtfeuerbauwerke an deutschen Küsten. Dem dreigeschossigen Turm wurde eine rundum verglaste 24-eckige Laterne aufgesetzt, worin 17 Reverberen (Scheinwerfer-Durchmesser 65cm) in 2 Reihen versetzt übereinander (8 oben, 9 unten) leuchteten. Bis 1872 blieb die Landseite durch das Festfeuer unbeleuchtet, dann kamen sechs weitere Reverberen hinzu und schlossen den Kreis der Lampen. Das nun rundum leuchtende Seefeuer warnte noch zusätzlich mit einem roten Sektor vor der südöstlich liegenden Tromper Wiek und dem Steilufer um Stubbenkammer. Es war die letzte größere Änderung an dem mittlerweile technisch überholten Leuchtfeuer.

In den Jahren 1901-02 wuchs neben dem "Schinkel-"Turm auf einem achteckigen Granitsockel ein runder, gelber Backsteinturm empor. Auf der abschließenden Granit-Galerie stand fest verschraubt die Laterne mit einem elektrischen Schnellblitzfeuer. Um eine reibungsarme Rotation zu gewährleisten, lagerte die Optik auf Quecksilber. (Das Pendant des Turmes entstand zur gleichen Zeit auf der Insel Helgoland.) Von 1902 bis 1905 lief der Probebetrieb des neuen Leuchtturmes, während das alte Feuer für Unterbrechungen in Bereitschaft stand. Erst am 1.April 1905 ging der neue Turm endgültig in Betrieb und der alte in Pension.

Nach 90 Jahren Betrieb zeigten sich beim jüngeren Turm erste Schäden. Während der Renovierung 1992, entfernte man auch seine 1980 angebrachte rotschwarze Bemalung, die ihm die Bezeichnung "Ringelsocke" eingebracht hatte.

1904
N
O
S

Ranzow

Orientierungsfeuer

Position 54° 35'N 13° 38'E

In Betrieb seit 1904
Bauwerkhöhe –
Feuerhöhe: 55m
Tragweite: weiß 14sm
Optik: Gürtellinse
Automatik

In hellen Mondnächten ist eine Beleuchtung der Ostküste Rügens nicht nötig, denn die weißen Kreidefelsen werfen auch das fahlste Licht zurück. Für den nach der Jahrhundertwende begonnenen Fährverkehr zwischen Saßnitz und Trelleborg war die Küste jedoch bei stürmischen Wetter und schlechter Sicht ein ständiges Risiko.

Auf dem berühmten Hochufer Stubbenkammer brannte deswegen um 1893 schon ein Feuer unter der Bezeichnung Jasmund. Nur war dieses für den Fährverkehr nicht ausreichend. Vom Kollicker Ort (ohne Abbildung) und bei Ranzow leuchteten ab 1904 neue Leuchttürmchen und ersetzten das Jasmunder Feuer. Beide neuen Türme waren, wie schon viele andere in aller Welt, von Julius Pintsch in Berlin hergestellt. Bei der von Pintsch entwickelten Technik speist komprimiertes und verflüssigtes Gas die Brenner der Laternen für mehrere Monate mit Brennstoff. Dadurch war es auch nicht nötig allzuoft zu den wie Vogelnester an der Steilküste klebenden Feuern hinabzusteigen.

Maltzien

Unterfeuer

Position 54° 14'N 13° 21'E

In Betrieb seit 1934
Bauwerkhöhe: 12m
Feuerhöhe: 12m
Tragweite: weiß 11sm
Optik: Gürtellinse
Automatik

Von den zwei Zufahrten nach Stralsund war zwar die nördliche bei Hiddensee die wichtigere, doch barg gerade in Kriegszeiten der zweite Zugang von See her für die Stadt Gefahren. In Friedenszeiten dagegen ersparte er aber dem regionalen Schiffsverkehr den Weg nördlich um Rügen.

Eine gebaggerte Rinne durch den flachen Ausgang des südlichen Strelasundes sollte auch den tiefergehenden Schiffen ab der zweiten Hälfte des 19.Jahrhunderts diesen Weg öffnen. 1868 markierte das Feuerschiff PALMERORT, benannt nach der gleichnamigen Huk in der Nähe des Ankerplatzes, die Einfahrt zu dieser Baggerrinne. Das rot gestrichene, einmastige und wie eine Yacht getakelte Schiff zeigte in den ersten Jahren ein weißes, später ein rotes Licht.

Um 1926 wurde das Schiff abgezogen und die inzwischen betonnte Fahrrinne zusätzlich seit 1934 durch eine Richtfeuerlinie bei der Ortschaft Maltzien gesichert. Als Oberfeuer diente ein Gittermast mit Toppzeichen. Für das Unterfeuer mauerte man auf einem Feldsteinfundament einen runden Turm aus Ziegeln - versteckt unter der niedrigen Steilküste am südlichsten Zipfel Rügens.

Peenemünde

Leitfeuer

Position 54° 11'N 13° 47'E

In Betrieb seit 1954
Bauwerkhöhe: 11m
Feuerhöhe: 11m
Tragweite: weiß 9sm
Optik: Gürtellinse 500mm
Automatik

Osttief

Unterfeuer

Position 54° 12'N 13° 46'E

In Betrieb seit 1954
Bauwerkhöhe: 8m
Feuerhöhe: 8m
Tragweiten:
weiß 9sm · rot 6sm · grün 5sm
Optik: Gürtellinse 500mm
Automatik

Durch eine einzige ausgedehnte Sandbank ist die Insel Rügen unterseeisch mit dem Festland an der Peene-Mündung verbunden. Diese Barriere versperrt für größere Schiffe die Zufahrt zum Greifswalder Bodden und damit zu den Häfen Vorpommerns. In der Karte des Engelhardt zu Pommern ist schon 1821 eine Leuchte auf der Insel Ruden eingezeichnet und 1893 wies von der Nordspitze der Insel ein Richtfeuer den Schiffen einen Weg über dieses ausgedehnte Flach.

Zwei gebaggerte Fahrrinnen mit 6m Solltiefe ermöglichen jedoch auch für größere Schiffe die Durchfahrt. Im Gegensatz zum nördlichen, schnurgeraden Landtief unter der Küste Rügens, ist das Durchkommen im gewundenen Osttief (kleines Bild) bei der Insel Ruden eine kompliziertere Passage. Seit 1954 gibt die Richtfeuerlinie Osttief Unterstützung.

Die Weiterfahrt in das freie Boddengewässer dirigiert vor allem das Leitfeuer Peenemünde (großes Bild). Auch dieser Leuchtturm, eine Stahlkonstruktion, entstand 1954 zusammen mit den Richtfeuerträgern.

Ihr augenblicklicher Zustand ist leider beklagenswert. Lang anhaltende Schlechtwetterperioden verhinderten bisher eine gründliche Überholung.

Greifswalder Oie

Seefeuer

Position 54° 15'N 13° 56'E

In Betrieb seit 1.10.1855
Bauwerkhöhe: 39m
Feuerhöhe: 49m
Tragweite: weiß 26sm
Optik: Drehlinse 900mm
Fernsteuerung seit 1978

Am östlichsten Rand der Sandbank, die den Greifswalder Bodden einschließt, ragt die etwas über einen qkm große Insel Greifswalder Oie, wie die vorgeschobene Bastion einer Festung, in die Pommersche Bucht. Obwohl der Königlich Erste Landmesser Quistorp schon 1817 "...zur Sicherstellung der Schiffahrt von den Preußischen Häfen nach dem Sunde und von dort zurück..." die Errichtung von drei Leuchttürmen empfohlen hatte, sollte es noch fast vierzig Jahre dauern, bis auf der Insel der jetzige Leuchtturm seiner Bestimmung übergeben werden konnte. Nach dem 1828 auf dem Kap Arkona entzündeten Leuchtfeuer, erhielt die Insel 1832 zunächst eine eiserne Leuchtbake, wohl wegen fehlender Geldmittel nur als Ziehlaterne. Nach der Empfehlung von Quistorp folgte als nächster 1849 der Turm auf dem Darßer Ort und schließlich der Leuchtturm auf der Greifswalder Oie.

Am 1. 10. 1855 zeigte das Leuchtfeuer zum erstenmal seine ungewöhnliche Kennung. Sein Drehfeuer erzeugten zwölf Reverberen, von denen je sechs für 45 Sekunden weißes oder rotes Licht zeigten, unterbrochen von einer gleichlangen Dunkelphase. Ungeklärt ist bis heute die ursprüngliche Form des, vom Civilingenieur Veitmeyer gebauten, Turmes. Leuchtfeuerverzeichnisse weisen ihn bis 1879 als runden Turm aus. Ab 1887 wird er als achteckig aufgeführt, ohne daß bisher ein Hinweis auf die Veränderung des Bauwerkes gefunden wurde.

Herausragend in der Geschichte des Leuchtturmes sind die Änderungen der Jahre 1913/14, als der Turm einen Linsenapparat erhielt, ein Glas-Gigant von zwei Metern Höhe und 900mm Brennweite. Es war die zu der Zeit größte in Deutschland hergestellte Optik, angefertigt von der Firma Wilhelm Weule in Goslar. Als Lichtquelle erhielt die Anlage ein Benzol-Glühlicht (1938 durch elektrische Glühlampe ersetzt). Nach mehrmonatiger Arbeit war auch der ganze Turmkopf geändert und erhöht, und im November 1913 nahm das neue Blitzfeuer seinen Probebetrieb auf.

List West (Sylt)

Leit- und Orientierungsfeuer

Position 55° 03'N 8° 24'E

In Betrieb seit 1.1.1858
Bauwerkhöhe: 11m
Feuerhöhe: 19m
Tragweiten:
weiß 14sm · rot 11sm
grün 10sm
Optik: Gürtellinse
Fernsteuerung seit 1977

List Ost (Sylt)

Leit-, Quermarken- und Orientierungsfeuer

Position 55° 03'N 8° 27'E

In Betrieb seit 1.1.1858
Bauwerkhöhe: 13m
Feuerhöhe: 22m
Tragweiten: weiß 14sm
rot 11sm · grün 10sm
Optik: Gürtellinse
Fernsteuerung seit 1977

Am Ellenbogen, dem Nordende der Insel Sylt und mitten in einem Naturschutzgebiet, steht Deutschlands nördlichster Leuchtturm: List West. Noch unter dänischer Regierung wurde er 1856-57 mit dem nicht weit entfernten Leuchtturm List Ost errichtet. Erst nachträglich und mit einigem Druck erwarb das dänische Marineministerium im November 1857 die Dünen-Grundstücke, auf denen die Türme standen, und die zugehörigen Zufahrten. Die verkaufenden Bauern haben dem Verkauf allerdings nur zähneknirschend zugestimmt.

Die Idee zum Bau von Leuchttürmen aus gußeisernen Segmenten stammt aus Großbritannien. 1803 stand im Hafen von Swansea einer der ersten Gußeisentürme. Der älteste "überlebende" Turm dieser Art ist der von Maryport aus dem Jahre 1834. Die größten bis 40m hohen Leuchttürme verschifften die Briten in Einzelteilen nach Jamaica, Barbados und Bermuda. Nach dem katastrophalen Auseinanderbrechen des Calf Rock Leuchtturmes 1881 beschränkte man sich wieder auf kleinere Hafenfeuer und griff bei großen Türmen auf erprobtes Material aus Stein zurück. Dagegen sprang nach 1850 die Entwicklung zum Kontinent über. Insbesondere Norwegen und Holland errichteten zahlreiche gußeiserne Türme. Die Holländer rechneten bei der Aufstellung mit je 1/3 der üblichen Herstellungskosten und der Bauzeit. Wichtig war aber auch das wesentlich geringere Gewicht und die Möglichkeit, den Turm zu demontieren. Von dieser Möglichkeit mußte 1873 bei dem Leuchtturm List-Ost Gebrauch gemacht werden. Sein Feuer verlosch für zwei Monate, und der Turm wurde von seinem Fundament geschraubt. Nachdem dieses erneuert worden war, konnte der Turm wieder auf seinen angestammten Platz gestellt werden. Wenn beide Bauwerke auch nur von regionaler Bedeutung für die Schiffahrt sind, die ältesten noch "aktiven" Eisen-Leuchttürme in der Bundesrepublik sind einzigartige Technik-Denkmale.

Kampen (Sylt)

See- und Orientierungsfeuer

Position 54° 57'N 8° 21'E

In Betrieb seit 1.3.1856
Bauwerkhöhe: 40m
Feuerhöhe: 62m
Tragweiten: weiß 20sm · rot 16sm
Optik: Gürtellinse
Fernsteuerung seit 1977

Das schmiedeeiserne Monogramm über der Eingangstür erinnert an den dänischen König Frederik VII, der den ersten Leuchtturm an Schleswig-Holsteins Westküste erbauen ließ.

Die Ausführung des Baus war noch nicht - wie zwei Jahre später die Lister Türme- aus Eisen, sondern in hergebrachter Weise aus Stein. Während beim Turmschaft gelber Backstein aus Bornholm Verwendung fand, plünderten die Dänen für den Natursteinsockel und das Fundament die sogenannten Riesenbetten oder Hünengräber mit ihren großen Steinen. Doch trotz der massiven Bauweise des konischen Turmschaftes (im unteren Bereich 1,67m, im oberen 0,90m starke Mauern) mußte dieser um 1875 durch ein Korsett in Form von eisernen Ringen gesichert werden.

Bevor die riesige Fresnelsche Gürtellinse 1. Ordnung auf den Turm gehoben wurde, konnte das Publikum dieses optische Prachtstück auf der Weltausstellung 1855 in Paris bewundern. Mit einer damals üblichen Rüböl-Dochtlampe als Lichtquelle nahm das Feuer am 1. März 1856 seinen Betrieb auf. 1908 erfolgte die Umstellung auf Petroleum-Glühlicht, und seit 1929 versorgt elektrischer Strom sowohl die Glühlampe als auch den Elektromotor des Drehblendenantriebs, der die Kennung erzeugt.

Für eine neue Tageskennung wurde der Leuchtturm Kampen 1953 weiß getüncht, mit einem breiten schwarzen Ring versehen und zwanzig Jahre später, 1974, zusammen mit den ehemaligen Wärterhäusern, unter Denkmalschutz gestellt.

Rote Kliff - alter Turm

Quermarkenfeuer

Position 54° 58'N 8° 20'E

In Betrieb von 1913-1975
Bauwerkhöhe: 11m
Feuerhöhe: 23m

Rotes Kliff, ein Begriff, der gerade während der Sturmsaison Schlagzeilen macht, wenn der "Blanke Hans" an dieser Steilküste der Insel Sylt nagt. Es ist aber auch der Name des alten Leuchtturms, der knapp nördlich von Kampen in den Dünen steht.

An der Einfahrt zum Lister Tief, am Nordende der Insel, liegt eine große Sandbank, vor der ein roter Sektor des Kampener Feuers warnte. Um diesen Warnsektor durch ein Quermarkenfeuer zu ersetzen, war in den Jahren 1912-13 der kleinere Leuchtturm Rote Kliff errichtet worden. Im August 1913 war der achteckige, rote Ziegelbau fertiggestellt und nahm den Betrieb auf. Die Laterne des Neubaus, den die Wärter des großen Turmes mitüberwachten, erhielt 1936 elektrisches Glühlicht. Die damit erreichte Tragweite betrug im weißen Sektor 16 Seemeilen, im roten 13 Seemeilen. Nachdem das Feuer 1975 gelöscht worden war, übernahm der Leuchtturm Kampen mit einem roten Sektorenfeuer wieder die Aufgabe, die er 1913 abgegeben hatte.

Die Optik von Rote Kliff wurde ausgebaut und der Turm samt Laternenhaus von der Gemeinde Kampen aufgekauft. Seitdem dient er See- und Seh-Leuten als unverwechselbare Landmarke in der Dünenlandschaft.

Hörnum

See-, Orientierungs- und Oberfeuer

Position 54° 45'N 8° 18'E

In Betrieb seit 8.8.1907
Bauwerkhöhe: 33m
Feuerhöhe: 48m
Tragweite: weiß 20sm
Optik: Drehspiegel (Seefeuer)
Fernsteuerung seit 1977

Es begann alles mit Albert Ballin, dem berühmten Hamburger Reeder, durch dessen Initiative die HAPAG im Jahre 1901 den Bäderverkehr zwischen Hamburg und Hörnum einrichtete. Gegenüber dem bis dahin angelaufenen Hafen Munkmarsch bot Hörnum durch seine Lage auch größeren Schiffen einen kürzeren und gefahrloseren Weg. Mit der gleichzeitig angelegten Bahnlinie wird auch die Verbindung mit Westerland hergestellt.

Für die Ansteuerung der Schiffe diente damals die Hörnumbake. Da diese nach 1871 errichtete Rettungsbake aber als Seezeichen nicht ausreichte, genehmigte die Regierung die Aufstellung eines Leuchtturms. 1906 wird der Grundstein gelegt, auf den fünf Monteure die acht Stockwerke des Turmschaftes aus vorgefertigten Gußeisenplatten bis kurz vor Weihnachten 1906 zusammenschrauben. Am 8. August des folgenden Jahres nahm als erstes das Richtfeuer probeweise den Betrieb auf. Wenig später folgen das See- und das Quermarkenfeuer. Das durch Dieselmotoren erzeugte elektrische Bogenlicht der Feuer wird 1936 durch Glühlampen ersetzt, die 1948 an das Stromnetz angeschlossen werden. Einzigartig war bis 1930 die Nutzung eines der Obergeschosse des 33m hohen Turmes, in dem über 20 Jahre lang die wenigen Schüler von Hörnum die Schulbank drückten.

Nach Prognosen von Wissenschaftlern ist es absehbar, wann dieser südlichste Leuchtturm der Insel Sylt seine Aufgabe nicht mehr erfüllen kann. Die an Hörnum Odde nagende Meeresströmung wird, wie schon 1979 die Unterfeuer, den Turm unterspülen und umstürzen. Möglicherweise könnte er dann aber abgeschraubt und versetzt werden, wie schon von den Holländern vorgemacht, die einen Leuchtturm von Ijmuiden nach Vlieland versetzten.

Norddorf (Amrum)

Leit-, Quermarken- und Orientierungsfeuer

Position 54° 40'N 8° 19'E

In Betrieb seit 4.5.1906
Bauwerkhöhe: 8m
Feuerhöhe: 22m
Tragweiten: weiß 15sm · rot 12sm · grün 11sm
Optik: Gürtellinse
Fernsteuerung seit 1983

Pintsch-Leuchttürme werden die Serienbauten genannt, zu denen auch das Leitfeuer von Norddorf gehört. Diese Namen erhielten sie nach dem Erfinder der Gasbeleuchtungsanlage, die in diesen Leuchttürmen zum Einsatz kam.

"Julius Pintsch – Berlin Fürstenwalde" steht, in erhabenen und oftmals überstrichenen Lettern, an den Außenwänden der gußeisernen Türme. Sie sind ein Markenzeichen für kleine unbemannte Feuer, deren Brenner mit verflüssigtem Fettgas arbeiteten. Die erste Anlage wurde 1880 in Pillau, an der Einfahrt zum Frischen Haff und Zufahrt nach Königsberg, in Betrieb genommen. Ähnliche Leuchttürme wie der von Norddorf stehen noch im Bereich der Ostsee auf dem Gellen auf Hiddensee und bei Ranzow und Kollickerort auf Rügen, sowie in Dänemark bei Gammel Pøl und Tranerodde auf der Insel Als, auf Årø und am Årøsund. Diese späteren Türme sind Serienproduktionen aus Einzelplatten zusammengeschraubt, die sich nur in der Bauhöhe unterscheiden.

Als das Quermarkenfeuer Norddorf nach monatelanger Verzögerung am 4.Mai 1906 den Probebetrieb aufnahm, kam eine Weiterentwicklung des Brenners mit Blaugas-Glühlicht als Lichtquelle zum Einsatz, die die Versorgung des einsam in den Dünen stehenden Leuchtturmes vereinfachte.

Amrum

Seefeuer

Position 54° 38'N 8° 21'E

In Betrieb seit 1.1.1875
Bauwerkhöhe: 42m
Feuerhöhe: 63m
Tragweite: weiß 23sm
Optik: Sammellinsen
Fernsteuerung seit 1983

Der Leuchtturm Amrum ist der erste unter deutscher Regierung an der nordfriesischen Küste gebaute Leuchtturm. Die älteren Leuchttürme von Kampen, List-Ost und -West waren dänischer und der damalige Leuchtturm auf Helgoland englischer Herkunft.

Bevor der Turm jedoch gebaut werden konnte, gab es um ihn etliche Streitigkeiten. Denn außer den unterschiedlichen Meinungen zu Standorten und Verfahren des Feuers ging es vor allen Dingen aber um den Gewinn der Strandvögte an dem Strandgut. Ein Leuchtfeuer verhieß weniger Schiffsstrandungen und somit auch geringere Einnahmen. Unbeeindruckt bestimmte aber 1873 die Regierung, nach Vorschlägen des Amrumers K.J. Clement, die Insel als Aufstellungsort für den Leuchtturm.

Im gleichen Jahre begannen die Bauarbeiten auf der Insel. Von dem kleinen Inselhafen Steenodde an der Ostküste Amrums zogen Pferde die Karren mit dem Baumaterial über einen mit Bohlen befestigten Weg heran. Das gleichzeitig miterbaute Wohnhaus bezog der Leuchtturmwärter, ein königlich preußischer Oberbootsmaat. Die einheimischen Bewerber konnten für den Posten nicht berücksichtigt werden. Dafür kamen nach dem damaligen Reglement nur langgediente ehemalige preußische Militärangehörige in Betracht – die Amrumer waren aber bis 1864 dänische Staatsbürger gewesen.

Nordmarsch (Hallig Langeneß)

Leit-, Quermarken- und Orientierungsfeuer

Position 54° 38'N   8° 32'E

In Betrieb seit 1902
Bauwerkhöhe: 11m
Feuerhöhe: 13m
Tragweiten: weiß 14sm · rot 11sm · grün 10sm
Optik: Gürtellinse

Halligen werden die sechs Inseln genannt, die ungeschützt durch Deiche im Wattenmeer liegen. Bei Sturmflut bieten nur die "Warften", die künstlich aufgeworfenen Erdhügel, Sicherheit vor den andrängenden Wassern. Nur zwei der verteilt im nordfriesischen Wattenmeer liegenden Halligen haben auch Leuchttürme: Oland und Langeneß.

An der westlichen Abbruchkante von Langeneß, auf der verlassenen "Alten Peterswarf", wurde 1902 der Leuchtturm Nordmarsch errichtet. Als Fundament dienen zwei Stahlbetonplatten von insgesamt 1,55m Stärke. Auf diesen ruht das bis zu 56cm dicke Turm-Mauerwerk, das 1953 eine neue Verblendung aus roten Ziegeln erhielt. Den Abschluß bildet eine Betonplatte, auf der das aus Stahlblech gefertigte Lampenhaus steht. Außer den Treppenaufgängen aus gemauertem Sandstein befinden sich im Inneren des Turmes keine Wohn- oder Aufenthaltsräume.

Mit seiner Basis steht der Leuchtturm auf einer Höhe von 4,47m über NN (Normalnull), die große Sturmflut am 17.2.1962 erreichte hier einen Höchststand von 4,24m über NN. Die fehlenden 20cm zum Sockel wird der ständig ansteigende Meeresspiegel sicher auch noch schaffen, denn das umliegende Vogelschutzgebiet versank bei hohen Fluten schon mehrfach im Meer.

Olhörn (Föhr)

Orientierungs- und Quermarkenfeuer

Position 54° 41'N 8° 34'E

In Betrieb seit 1952
Bauwerkhöhe: 8m
Feuerhöhe: 10m
Tragweiten: weiß 13sm · rot 10sm · grün 9sm
Optik: Gürtellinse
Fernsteuerung seit 1980

Unter den Leuchttürmen an der Westküste Schleswig-Holsteins ist Olhörn eines der jüngsten Bauwerke. Aber schon seit 1892 bis zu seiner Errichtung leuchtete von dieser Stelle aus eine Bake. Noch weiter zurück in die Vergangenheit reichen Berichte von einem Besuch des dänischen Königs um 1842, zu dessen Sicherheit zwei Holzmasten mit Feuern aufgestellt wurden, die seitdem auch in den Leuchtfeuer-Verzeichnissen geführt wurden.

Zusammen mit den Feuern der Hallig-Leuchttürme Nordmarsch und Oland bietet der schmucklose Ziegelbau den Schiffsführern Hilfe bei der Navigation in diesem, mit wandernden Sänden und Fahrrinnen schwierigen Watt-Fahrwasser zwischen den Inseln. Obwohl Olhörn über ein ausreichend starkes Feuer verfügt, ist es, versteckt inmitten des Lichtermeeres von Wyk, nicht immer einfach zu identifizieren.

Oland

Quermarkenfeuer

Position 54° 41'N 8° 41'E

In Betrieb seit 1929
Bauwerkhöhe: 7,45m
Feuerhöhe: 7m
Tragweiten: weiß 14sm · rot 11sm · grün 10sm
Optik: Gürtellinse
Teilautomatisch

Noch 25 Jahre nachdem auf Hallig Oland der kleine Leuchtturm zum ersten Mal sein Licht zeigte, wunderte sich ein Kapitän "Was, ihr habt auch ein Feuer ?". Leuchtturm-Hilfswärter Simon Nommensen erzählt diese ihm 1954 gestellte Frage mit einem Schmunzeln. In jenem Jahr war das Leuchtfeuer auf elektrischen Strom umgestellt worden. Der Vater und Vorgänger dieses letzten Leuchtturmwärters an deutschen Küsten mußte vorher fast täglich den Glühstrumpf des Brenners auswechseln, da die durch das Licht angelockten Insekten an ihm verbrannten und ihn unbrauchbar machten. Erst mit Einbau der elektrischen Glühlampe funktionierte das Feuer reibungslos.

Bei Tageslicht ist der Turm auf Oland aber kaum zu erkennen, denn die übliche Laterne sucht man vergeblich. Vielmehr versteckt sich der niedrige Turm mit dem Reetdach perfekt inmitten der ebenfalls reetgedeckten Häuser und dürfte in der Welt einmalig sein. Er ist damit allerdings als Landmarke für die Navigation auch ohne Bedeutung.

Obwohl das Quermarkenfeuer durch technische Hilfsmittel wie Glühlampenwechseleinheit für zwei 250 Watt Lampen, Schaltuhr und Dämmerungsschalter fast vollständig automatisiert ist, bleibt Simon Nommensen für den Notfall immer noch Hüter des Feuers auf Oland. Denn sollte alles oder auch nur ein Teil ausfallen, könnte der Weg vom Festland zum Hallig-Leuchtturm Oland im entscheidenden Moment versperrt sein.

Dagebüll - alter Turm

Unterfeuer

Position 54° 44'N 8° 42'E

In Betrieb von 1929-1988
Bauwerkhöhe: 15m
Feuerhöhe: 10m
Tragweite: 17sm

Das spitze Dach, der schlanke eckige Turm und der Sockel aus Feldsteinmauerwerk erinnern eher an den Glockenturm einer alten Kirche. Frühe Leuchtfeuer-Verzeichnisse des 19. Jahrhunderts führen für den Hafen von Dagebüll bereits Richtfeuer. Danach existierten seit 1854, wahrscheinlich wegen der sich ändernden Zufahrt, in wechselnden Positionen zwei Feuer, die die Schiffe "in Linie in den Hafen" leiteten, "welcher jedoch nur für Boote und kleine Schiffe zugänglich" gewesen ist.

Der Turm entstand erst 1929 als Unterfeuer der Richtfeuerlinie Dagebüll. 36 Holzpfähle trieb eine Ramme 7m tief durch Kleie-, Moor- und Feinsandschichten bis in den Grund aus grobem Sand hinab. Das auf dieses Pfahlwerk gegossene Fundament trägt den zweigeschossigen Turm. Ein weiteres Stockwerk erhielt der Turm wegen der Deicherhöhung während der 1980 gleichzeitig durchgeführten Restaurierungsarbeiten.

Bis zur Ablösung durch die am 1. Juli 1988 neu eingerichtete Richtfeuerlinie versah Dagebülls alter Leuchtturm noch seinen Dienst. Seitdem dient er als Landmarke und Orientierung für Besucher der Halligen Oland und Langeneß: Zu seinen Füßen beginnen die Gleise der Hallig-Lorenbahn.

Pellworm

Richt-, Orientierungs- und Quermarkenfeuer

Position 54° 30'N 8° 40'E

In Betrieb seit 1907
Bauwerkhöhe: 41m
Feuerhöhe: 38m
Tragweiten: weiß 20/11sm · rot 8sm
Optik: Gürtellinse
Fernsteuerung seit 1977

Im Gegensatz zu seinen Nachbarn Westerheversand und Amrum, beide hauptsächlich Seefeuer, hat der Leuchtturm Pellworm, bedingt durch seine Lage, "nur" regionale Bedeutung: er ist Oberfeuer der Richtfeuerlinie für den Heverstrom und Quermarkenfeuer für die Fahrwasser um Pellworm. Das zugehörige Unterfeuer steht 1,5 km entfernt im Watt, dicht neben dem Fahrwasser des Heverstromes.

Vor der Errichtung der Leuchtturms Pellworm gab es südlich Amrums an der Westküste Schleswig-Holsteins kein Leuchtfeuer. Schiffe die sich bei Dunkelheit der Küste näherten, liefen Gefahr zu stranden. Seeseitig gaben zwar die Feuerschiffe *Amrumbank* und *Eider* Navigationshilfe, bei Annäherung an die Küste halfen die wenigen Ansegelungstonnen unzureichend bei der Orientierung. Deswegen mieden insbesondere zur Zeit der Frühjahrs- und Herbststürme Schiffe diese Gegend. Die Initiative des "Nautischen Vereins für die schleswigsche Westküste" gab schließlich den Anstoß zum Bau von drei Leuchtfeuern.

Auf fast 14m langen, in den Marschengrund gerammten Holzpfählen ruht das Betonfundament. Wie zur gleichen Zeit in Hörnum und wenig später in Westerheversand, wurde der Leuchtturm Pellworm aus vorgefertigten Gußeisenplatten montiert. Bereits mit Beginn des Betriebes leuchtete elektrisches Licht aus seiner Laterne, und seit 1977 werden die automatisierten Funktionen des Feuers, wie auch die der anderen Feuer Nordfrieslands, von Tönning aus überwacht.

Süderoogsand

Orientierungs- und Quermarkenfeuer

Position 54° 26'N 8° 29'E

In Betrieb seit 1987
Bauwerkhöhe: 19m
Feuerhöhe: 18m
Tragweiten: weiß 15sm · rot 12sm · grün 11sm
Optik: Gürtellinse
Fernsteuerung seit 1987

Einer Barriere gleich liegt der Süderoog-Sand, eine große flache Sandinsel, vor der Hallig Süderoog und schützt diese vor den langen Wellen der Nordsee. Wenn aber Sturmfluten die Wassermassen gegen die Küste drücken und den Wasserstand weit über das normale Maß steigen lassen, ist nicht nur die kleine Hallig am Ausgang des Heverstromes gefährdet. Süderoog-Sand verschwindet in der kochenden See und ist nun als gefährliches Riff nicht mehr auszumachen. In dieser Situation, aber auch bei Nebel oder Nacht, wurde der Sand schon vielen Schiffen zum Verhängnis.

Es war Grund genug für Schiffer und Reeder bereits im 18.Jahrhundert, möglicherweise auch früher, hier eine Bake aufzustellen, die nicht nur als Seezeichen diente, sondern gleichzeitig auch Zufluchtsort für die Schiffbrüchigen war, ausgestattet mit einem Schutzraum, in dem sie auch Wasser und Nahrung fanden. Zur weiteren Sicherung der Schiffahrt installierte man 1940 eine Laterne, nachdem dafür das Topzeichen entfernt worden war.

Da Wind und Wasser die aus Holz gebaute Bake oft genug zerstörten, mußte diese immer wieder neu aufgestellt werden. Die 1987 gebaute Leucht- und Rettungsbake wurde in einer Notsituation sogar für die Erbauer zur Rettungsstation. Bei einer Inspektion überraschte schlechtes Wetter die Wartungscrew, woraufhin die Männer auf die Bake flüchteten und später durch einen Hubschrauber abgeborgen werden mußten.

Westerheversand

See-, Quermarken- und Leitfeuer

Position 54° 22'N 8° 38'E

In Betrieb seit 26.5.1908
Bauwerkhöhe: 40m
Feuerhöhe: 41m
Tragweiten: weiß 21sm · rot 17sm · grün 16sm
Optik: Gürtellinse
Fernsteuerung seit 1978

Westerheversand bietet zusammen mit seinem angegliederten Häuserensemble das typische Bild des deutschen Leuchtturmes. Seine einzigartige und romantische Lage auf einer Warft, in dem von Entwässerungsgräben durchzogenen Vordeichland, läßt den unkundigen Betrachter nichts von der Gefährlichkeit des Seegebietes und der sich laufend verändernden Sände des Heverstromes ahnen.

Die immer wieder auf den Untiefen strandenden Schiffe bewogen die zuständigen Stellen zum Bau eines Leuchtturmes an dieser vorgeschobenen Position. Zum Schutz vor Überflutung mußte dazu zunächst die Warft mit Erdreich aufgeschüttet werden, das durch Pferde festgetreten und damit verdichtet wurde. Die in diesen Erdhügel gerammten 127 Holzpfähle trugen das Fundament. Insgesamt 608 vorgefertigte Gußplatten mit einem Gesamtgewicht von annähernd 150 Tonnen schraubten die Monteure zusammen. Neben Hörnum und Pellworm wurde Westerheversand als letzter dieses baugleichen Trios fertiggestellt und nahm am 26. Mai 1908 den Probebetrieb auf.

Erst drei Jahre nach Indienststellung erhielt das Feuer seine endgültige Optik: eine Gürtellinse von 300mm Brennweite mit einer, für die damaligen Verhältnisse, hochmodernen Gleichstrom-Bogenlampe. Die als Dynamo-Antrieb aufgestellten Dieselmotoren versahen ihren Dienst bis zum Anschluß an das öffentliche Stromnetz 1950.

Seit 1978 arbeitet das Feuer des Leuchtturmes vollautomatisch; seine Funktionen werden von der Hauptschaltstelle in Tönning überwacht. Mit dieser Umstellung schlug auch für den Leuchtturmwärter Geertsen die letzte Stunde auf diesem Posten.

St. Peter (Böhl)

Quermarkenfeuer

Position 54° 17'N 8° 39'E

In Betrieb seit 1914
Bauwerkhöhe: 18m
Feuerhöhe: 23m
Tragweiten: weiß 15sm · rot 12sm · grün 11sm
Optik: Gürtellinse
Fernsteuerung seit 1976

Schon im ersten Jahrtausend unserer Zeitrechnung war die Eider ein vielbefahrener Fluß. Der Handel von und nach Skandinavien konzentrierte sich im 7. und 8. Jahrhundert in dem Handelszentrum Haithabu. Die verbindenden Wasserwege waren Schlei,Treene und Eider.

Mit dem Bau des alten Eiderkanals (Schleswig-Holsteinischer Kanal) in den Jahren 1777-1784 entstand die erste direkte Verbindung zwischen Nord- und Ostsee, wodurch die Schiffahrt hier einen starken Aufschwung nahm. Um die Sicherheit des Schiffsverkehrs zu gewährleisten, legte die dänische Kanalverwaltung deshalb in der Eider-Mündung 1815 ein Feuer- und Lotsenschiff, die *Eidergaliot*, aus und stellte auf der Halbinsel Eiderstedt, bei dem heutigen St.Peter-Böhl, eine Peilbake auf.

1890 ersetzte ein runder Ziegelturm die hölzerne Peilbake, allerdings noch ohne Leuchteneinrichtung. Obwohl 1895 der Kaiser-Wilhelm-Kanal, der heutige Nord-Ostsee-Kanal, eröffnet und das Verkehrsaufkommen in der Eidermündung dadurch drastisch gesunken war, setzte man dem Turm 1914 eine Laterne auf und baute ihn zum Leuchtturm für den mittlerweile stark zurückgegangenen regionalen Schiffsverkehr um.

Büsum

Leit- und Orientierungsfeuer

Position 54° 08'N 8° 52'E

In Betrieb seit 1913
Bauwerkhöhe: 21m
Feuerhöhe: 21m
Tragweiten: weiß 17sm · rot 14sm · grün 13sm
Optik: Gürtellinse
Fernsteuerung seit 1976

Als Vorläufer des Wahrzeichens von Büsum hing seit 1878 in der Hafeneinfahrt eine Ölleuchte, um der Fischereiflotte den Weg zu weisen.

Bevor jedoch von Büsum das Licht des jetzigen Leuchtturms ausging, experimentierte der Ingenieur Gehre aus Rath (bei Düsseldorf) schon vor der Jahrhundertwende mit regenerativen Energien. Im Jahre 1900 errichtete er am Hafen eine 25 Meter hohe Windenergieanlage zur Erzeugung von elektrischem Strom, um hiermit ein Leuchtfeuer zu versorgen. Da die Anlage aber unzuverlässig arbeitete, wurde wieder auf erprobtere Lichtquellen zurückgegriffen.

Mit dem Einrammen von 41 Holzpfählen begannen 1912 die Arbeiten an dem jetzigen Leuchtturm. Auf dem gemauerten Fundament wuchs aus vorgefertigten Gußeisenelementen der Turm empor. Nach Installation der Laterne mit Gürtellinsen-Optik nahm der damals schwarz gestrichene Leuchtturm im September 1913 seinen Betrieb auf.

Helgoland

Seefeuer

Position 54° 11'N 7° 53'E

In Betrieb seit 1952
Bauwerkhöhe: 35m
Feuerhöhe: 82m
Tragweite: weiß 28sm
Optik: Scheinwerfer-Sammellinsen
Fernsteuerung seit 1982

Klaus Störtebeker und seine Likedeeler, die um 1400 auf Helgoland ihr Quartier hatten, waren nicht die Menschen, die "zum Wohle der Schiffahrt" hier ein Licht entzündeten. Erst 1630, nach jahrelangen Bemühungen holländischer Kaufleute aus Friedrichsstadt an der Eider, zeigte die erste Kohlenblüse in der heutigen Deutschen Bucht ihr Feuer. Der Widerstand der Inselbewohner und die ungedeckten Kosten beendeten gegen 1637 das Unternehmen. Einige Jahrzehnte später erhielt die Stadt Hamburg vom holsteinischen Landesherrn die Erlaubnis zur Einrichtung eines Feuers. Dazu ließ sie einen viereckigen Steinturm erbauen, auf dem es von 1679, mit Unterbrechungen, bis in das beginnende 19. Jahrhundert brannte. Nachdem Napoleon 1807 die Kontinentalsperre gegen Großbritannien errichtet hatte, nahmen die Briten die Insel in Besitz und richteten hier ein Zentrum für den "verbotenen" Handel zum besetzten Festland ein. Damit nun die Schmuggler nicht an Helgoland vorbeisegelten, bauten die Briten einen Leuchtturm mit einem kräftigen Licht obendrauf, das 1811 die alte Blüse ersetzte. Im Jahre 1902 übernahm auf der 1890 mit Großbritannien gegen die Insel Sansibar eingetauschten und jetzt deutschen Insel ein neuer Leuchtturm seine Aufgabe. Die Laterne des alten Turmes ging nach Fehmarn zum Leuchtturm Staberhuk. Das Licht des neuen 36-Meter-Turmes hatte mit seinem Schnellblitz von 1/10sek. die phantastische Tragweite von 23 Seemeilen, die bis in die Elbmündung reichte.

Am 18. April 1945 griff eine Armada von britischen Flugzeugen den roten Felsen an. Die Bomben walzten fast alles nieder, den Leuchtturm nicht ausgenommen. Zusammenstürzendes Mauerwerk begrub auch die beiden Leuchtturmwärter. Ein 1941 aus meterdickem Beton erbautes Gebäude blieb stehen: der Flak-Leitstand. Nach dem vergeblichen Versuch der Briten, die Insel zu sprengen, und trotz schwerer Schäden, übernahm er 1952 die Rolle als Ersatz-Leuchtturm. 1965 waren am Turm die Spuren des Krieges hinter einer Verkleidung aus Ziegeln verschwunden, die sein heutiges Aussehen bestimmen.

Helgoland-Düne

Richt- und Leitfeuer

Position 54° 11'N 7° 55'E

In Betrieb seit 1936
Bauwerkhöhe: 20m
Feuerhöhe: 17m
Tragweiten: weiß 11sm · rot 11sm · grün 10sm
Optik: Gürtellinse
Fernsteuerung seit 1982

Infolge der Silvesterflut 1720/21 brach die Insel Helgoland in zwei Teile: die Felseninsel Helgoland und die Düne.

So wie die Gewichtung zwischen den Landmassen der beiden Inseln ist, verhält sie sich auch zwischen den Leuchtfeuern. Dort ein mächtiges, weittragendes Seefeuer mit Ahnengalerie, hier ein kleines, im Vergleich schwaches Oberfeuer.

Es wurde 1936 als Nachfolger des um die Jahrhundertwende errichteten Teiles einer Richtfeuerlinie aus Beton erbaut. Vorgänger dieser Feuer waren zwei als "Kapen" bezeichnete, schon 1663 aufgeführte Tagessichtzeichen, die in Deckpeilung auf eine berüchtigte Untiefe in der Nähe des Hafeneinganges hinwiesen. Diese Aufgabe ist bis heute geblieben, nur mit dem Unterschied, daß das Richtfeuer an der "Hog Stean"-Untiefe (die seit 1762 auch durch Hamburg betonnt ist) vorbeiführt, dieses Flach selbst aber im roten Warnsektor liegt.

Um eine letzte Analogie hinzuzufügen: während der große Leuchtturm trockenen Fußes auf der Hauptinsel steht, geht der kleine auf der Badeinsel baden – allerdings nur alle 12 Stunden während der Flut.

VOGELSAND

Großer Vogelsand

Leitfeuer

Position 54° 00'N 8° 29'E

In Betrieb seit 1975
Bauwerkhöhe: 39m
Feuerhöhe: 39m
Tragweiten: weiß 26sm · rot 12sm
Optik: Doppel-Projektionssystem u. Spiegel-Drehfeuer
Fernsteuerung

Ondo und *Fides* sind zwei Namen, die stellvertretend für eine Vielzahl von Schiffen stehen, die auf den Untiefen der Elbemündung scheiterten, verschlungen von den Mahlsänden. Noch ist der zerschlagene Schiffskörper der *Ondo* zu sehen, aber Jahr für Jahr versinkt er weiter in den Grund eines der gefährlichsten Seegebiete der Erde.

Um der Schiffahrt hier mehr Sicherheit zu geben, setzten die angrenzenden Länder, hauptsächlich aber die Stadt Hamburg, Seezeichen an den Strom. Seit dem 15. Jahrhundert entwickelte sich von der Flußmündung her ein geregeltes Seezeichenwesen entlang der Elbe bis nach Hamburg. Kapen, Baken, Pricken und Seetonnen bezeichneten die Fahrwasser. Lotsen, in alten Zeiten auch "Pilote" genannt, lagen mit ihrem Schiff in der Außenelbe und boten nicht nur ihre Dienste an, sondern zeigten seit 1774 nachts auch eine Signallaterne. Wegen der oft wechselnden Position und der schwachen Laterne des Lotsenschiffes wurde deshalb 1816 das erste Feuerschiff, die *Seestern*, ausgelegt. Es versank während eines fürchterlichen Orkans am 2. Weihnachtstag 1824. Aber es gab Ersatz für die *Seestern* und in den folgenden Jahrzehnten lagen zeitweise bis zu fünf Feuerschiffe auf fester Station entlang des Fahrwassers bis Cuxhaven.

Mit den fortschreitenden technischen Möglichkeiten sank der schon seit langem umstrittene Wert der Feuerschiffe. Die Weserleuchttürme "Alte Weser" und "Tegeler Plate" waren dann auch Vorbild für den Leuchtturm "Großer Vogelsand". 1973 begannen die Arbeiten mit der fast 30m tiefen Einspülung des Turmschaftes, mittlerweile ein erprobtes und schnelles Verfahren. Nachdem das an Land vorgefertigte Oberteil aufgesetzt worden war, begann die technische Einrichtung des Leuchtturmes. Erst zwei Jahre später nahm das Feuer seinen Betrieb auf. Das inzwischen 70 Jahre alte Feuerschiff *Elbe 2* (Taufname *Bürgermeister Bartels*) wurde damit überflüssig. Die solide Bausubstanz verhalf dem Schiff indes zu einem neuen Leben unter Segeln: als Barkentine *Atlantis*.

Neuwerk

Quermarkenfeuer

Position 53° 55'N 8° 30'E

In Betrieb seit 20.12.1814
Bauwerkhöhe: 39m
Feuerhöhe: 38m
Tragweiten:
weiß 16sm · rot 12sm · grün 11sm
Optik: Gürtellinse
Fernsteuerung seit 1971

Es war ein gelungener Schachzug, mit dem der Rat der Stadt Hamburg sich die Insel zu eigen machte: 1299 erteilten die damaligen Besitzer, die Herzöge von Sachsen, den Hamburgern die Erlaubnis zum Bau eines Seezeichens. Ohne Zeit zu verlieren, errichteten die Hamburger auf einer vorher aufgeschütteten Warft den burgähnlichen Festungsturm, mit bis zu 2,8 Meter starken Backsteinmauern. Nach Beendigung der Bauarbeiten bezog 1312 eine militärische Besatzung den Turm. Hamburg hatte sein Ziel erreicht, in der Elbmündung einen Stützpunkt zu besitzen, um seine "Interessen zu vertreten". Damit war gleichzeitig auch ein unübersehbares Tages-Seezeichen geschaffen, allerdings nachts noch ohne Licht.

Erst über 300 Jahre später (1644) wird das erste Feuer auf Neuwerk, das älteste an der Elbe, in den Annalen erwähnt. Es leuchtete von einer, neben dem Turm aufgestellten, Kohlenblüse. Fast ununterbrochen brannte nachts das Feuer bis 1806, dem Beginn der Kontinentalsperre und danach nur noch für kurze Zeit von 1813 bis 1815. Dann brach man sie ab. Ihr Nachbau steht beim Deutschen Schiffahrtsmuseum in Bremerhaven (Abbildung auf der nächsten Seite).

Bereits 1809 hatte die Hamburger Admiralität beschlossen, den Neuwerker Turm mit einem von dem Hamburger Erfinder Repsold entwickelten Reverberen-Lampenapparat auszurüsten. Die Kontinentalsperre verzögerte auch dieses Vorhaben. Über 500 Jahre nach seiner Erbauung konnte am 20. Dezember 1814 das erste Feuer auf dem Leuchtturm gezündet werden. 1815 folgte dann an Stelle der alten Kohlenblüse noch ein kleinerer Leuchtturm. Zusammen mit dem großen Turm bildete er bis 1885 das erste Richt-

feuer der Elbe. Er wurde 1909 abgebrochen.

Der zunehmende Schiffsverkehr auf der Elbe verlangte immer bessere Navigationshilfen. Eine Fresnelsche Gürtellinse ersetzte deswegen 1892 die alte Optik und 1908 ein Petroleum-Glühlicht die alten Dochtlampen. Erst 1942 konnte das Leuchtfeuer auf elektrischen Strom umgestellt werden. Den vorläufigen Abschluß der Entwicklung markiert die Umstellung auf Fernüberwachung im Jahre 1971. Seitdem gibt es auf Neuwerk auch keinen Leuchtturmwärter mehr.

Trotz der vielen Verbesserungen hat der Turm nur noch eine geringe Bedeutung für die Schiffahrt, nicht jedoch für die vielen Besucher, die das unter Denkmalsschutz stehende Bauwerk jedes Jahr besteigen.

Cuxhaven

Leit- und Quermarkenfeuer

Position 53° 52'N 8° 43'E

In Betrieb seit 1805
Bauwerkhöhe: 23m
Feuerhöhe: 24m
Tragweiten: weiß 8sm · rot 6sm
Optik: Gürtellinse
Fernsteuerung seit 1964

Eingereiht in die Lichterkette der Elbe-Leuchtfeuer steht in der Nähe der Alten Liebe ein runder brauner Turm in Form einer Säule: der Leuchtturm Cuxhaven. Die Stelle, an der die Hamburger Admiralität den Turm errichten ließ, war seit dem 15. Jahrhundert Standort der Ros-Baken. Diese aus Holz gebauten Seezeichen mit Topzeichen verwitterten aber nach zwanzig, spätestens dreißig Jahren, danach mußten sie erneuert werden. Die letzte der Ros-Baken, wegen ihrer Höhe von 39m auch Große Bake genannt, brachte es sogar auf ein Alter von 58 Jahren. Doch das schon morsche Bauwerk brach 1801 während eines Sturmes zusammen.

Im Jahre 1802 begannen die Bauarbeiten an dem neuen Leuchtturm. Eingerammte Gründungspfähle sicherten das Granitfundament, das den vierstöckigen Ziegelturm und das daraufgesetzte Lampenhaus trug. Sieben, aus England importierte Reverberen mit Argandschen Lampen, die ersten in Deutschland, sorgten am 15. November 1805 zum ersten Mal für das nötige Licht. Aber nicht lange, denn in den Jahren der napoleonischen Kontinentalsperre von 1806 – 1813 verlosch auch dieses Feuer.

Ein weiteres Mal übernahm der Leuchtturm 1853 eine technische Führungsposition durch die Einrichtung des ersten Sektorenfeuers an der deutschen Nordseeküste. Aber der gewundene Lauf der Elbe erforderte viele Leuchtfeuer, und mit jedem neuen Feuer sank die Wichtigkeit des einzelnen. So hat auch der Turm von Cuxhaven seine herausragende Bedeutung als Seezeichen verloren, geblieben ist sein historisches Verdienst als Deutschlands ältester aktiver Leuchtturm.

Altenbruch – Alter Turm

Quermarkenfeuer

Position 53° 51'N 8° 46'E

In Betrieb von 1897-1983
Bauwerkhöhe: 13m
Feuerhöhe: 14
Tragweiten: weiß 14sm · rot 10sm · grün 9sm

Melchior Lorichs verdanken wir die älteste noch existierende Darstellung der Unterelbe von der Flußmündung bis nach Hamburg. 1568 lieferte er das Werk seinem Auftraggeber, dem Rat der Stadt Hamburg, ab. Zwar würde diese "Karte" heutigen Ansprüchen bei über 12m Länge und 110cm Höhe nicht genügen, aber sie informiert über die verschiedensten Dinge dieser Zeit, zum Beispiel auch über die Lage der damaligen Seezeichen. Für Altenbruch verzeichnet Lorichs Karte eine der damals noch selten anzutreffenden Baken, die ein Topzeichen tragen. Erst über 300 Jahre später, 1873, ersetzte Hamburg dieses Tagessichtzeichen durch eine Leuchtbake - ein einfaches hölzernes Häuschen mit einer Laterne.

Der zunehmende Schiffsverkehr, ein scharfer Richtungswechsel des Fahrwassers und eine sich rasch verändernde Sandbank östlich von Altenbruch machten aber eine genauere Befeuerung nötig. Durch geschickte Plazierung entstanden bis 1897 durch nur drei Leuchttürme zwei Richtfeuerlinien. Ein Oberfeuer, Osterende-Groden, leuchtete für zwei Unterfeuer: elbabwärts das Unterfeuer Neufeld, elbaufwärts das Unterfeuer Altenbruch.

Für das Unterfeuer Altenbruch war dies aber nicht der endgültige Standort, denn 1918 mußte der Eisenturm wegen Veränderung des Fahrwassers nicht nur versetzt werden, sondern er erhielt auch ein neues Lampenhaus mit modernisierter Technik. Ab 1924 leuchtete zusätzlich noch ein Leitfeuer elbabwärts in Richtung Nordsee, ohne daß größere Umbauten stattfanden, wie 1927 bei der Umrüstung auf elektrisches Glühlicht.

1971 nahte das Ende durch die Einrichtung von drei neuen Richtfeuerlinien, die aus vier Betonleuchttürmen bestanden. Die alte Richtfeuerlinie wurde gelöscht und das Oberfeuer, ein schlanker Eisenturm, 1976 abgebrochen. Der Leuchtturm Altenbruch fristete sein Dasein noch bis 1983 als Quermarkenfeuer. Dem Abbruch entging die "Dicke Berta", so der volkstümliche Name, durch die Initiative eines durch Privatleute gegründeten Vereins, der dafür sorgte, daß der Turm unter Denkmalsschutz gestellt wurde.

Oste

Leitfeuer

Position 53° 51'N 8° 59'E

In Betrieb seit 1931
Bauwerkhöhe: 11m
Feuerhöhe: 11m
Tragweiten: weiß 7sm · rot 5sm · grün 4sm
Optik: Gürtelleuchte 300mm
Automatik

Eine Doppelfunktion hatte das 1790 – 1796 aufgestellte Feuer auf dem Hohen Sande in der Ostemündung. Vor allem zwar zur "Hebung der Schiffahrt nach der Oste" eingerichtet, diente es aber auch der Schiffahrt in diesem Bereich der Elbe, wo das, durch den Zufluß der Oste entstandene, gefährliche Oste-Riff schon vielen Schiffen zum Verhängnis geworden war.

Den zunehmenden Verkehr sicherte ab 1891 ein am Südrande des Fahrwassers ausgelegtes Feuerschiff *Osteriff*. Aber als wenn eine Untiefe die andere anzieht, baute sich genau gegenüber dem Osteriff eine Sandbank, die Ostebank, auf. Sie verlagerte sich immer weiter nach Süden und verengte die befahrbare Rinne. Zur Warnung verlegte man 1899 das Feuerschiff an die Südseite der Ostebank, wo es erst ein Herbststurm im Jahre 1921 von seinem Ankerplatz riß. Das letzte Feuerschiff auf der Binnenelbe strandete auf dem südlichen Vordeichland bei Balje.

Gegen die Bedrohung durch die beiden Sände waren aber mittlerweile einige Maßnahmen ergriffen worden. Außer der Einrichtung von diversen Richt- und Leitfeuern wirkte der Bau von Stacks am Osteriff: Die Ostebank wich wieder nach Norden zurück.

Zur Sicherung des Osteriffs wurden die Feuer Osteriff-Buhne (1929) und Oste (1931) aufgestellt: metallene Gasbehälter mit aufgesetztem Umgang und Laterne, die man auf einen Betonsockel geschraubt hatte. Die Leuchtbake Oste markiert heute allein das Riff, denn Osteriff-Buhne, 1980 außer Betrieb gestellt, steht vor dem Tonnenhof in Cuxhaven.

Balje – Alter Turm

Leit- und Quermarkenfeuer

Position 53° 52'N   9° 05'E

In Betrieb von 1904-1980
Bauwerkhöhe: 17m
Feuerhöhe: 14m
Tragweiten:
weiß 14sm · rot 11sm · grün 10sm

Seiner exponierten Lage im Deichvorland, im heutigen Vogelschutzgebiet, und der soliden Bauweise ist es zu verdanken, daß dieser schöne Leuchtturm noch existiert. Denn der fünfstöckige Backsteinbau erhielt als Fundament eine massive Betonunterlage. Im untersten Stockwerk, Außendurchmesser über sieben Meter und ein Meter starke Außenwand, befand sich der Wasserkeller, zugänglich von dem darüber befindlichen Lagerraum. Über eine Wendeltreppe gelangte man vom Lagerraum in den darüber liegenden Wohnraum. Die obersten Geschosse dienten als Schlaf- und Lampenraum.

Als das Feuer am 1. März 1904 seinen Betrieb aufnahm, versahen ein Haupt- und ein Hilfswärter hier ihren Dienst. Hauptsächlich als Leitfeuer geplant, bezeichnete es, zusammen mit dem gleichzeitig gebauten Leuchtturm Belum, das Fahrwasser südlich der Ostebank. Aber mit den Veränderungen des Fahrwassers veränderten sich auch die Aufgaben des Feuers. Gleichen Einfluß hatte die fortschreitende Technik, die irgendwann den Hilfswärter und 1961, durch Einführung der Fernüberwachung, den letzten Leuchtturmwärter entbehrlich machte.

Als modernste Technik durch die neuen, schlanken rot-weißen Richtfeuertürme auch das Leuchtfeuer überholt hatte, wartete schon eine neue Verwendung auf den alten Turm von Balje: er wird seit 1979 als Vogelschutzwarte genutzt.

Warteplatz
für
Sportboote
1
2

Brunsbüttel Mole 1

Molenfeuer

Position 53° 53'N 9° 08'E

In Betrieb seit 3.8.1895
Bauwerkhöhe: 11m
Feuerhöhe: 14m
Tragweiten:
weiß 10sm · grün 6sm
Optik:
Gürtellinse 185mm, 46cm hoch
Automatik

Brunsbüttel Mole 2

Molenfeuer

Position 53° 53'N 9° 08'E

In Betrieb seit 3.8.1895
Bauwerkhöhe: 11m
Feuerhöhe: 14m
Tragweite: rot 7sm
Optik:
Gürtellinse 185mm, 46cm hoch
Automatik

Brunsbüttel Mole 3

Molenfeuer

Position 53° 53'N 9° 08'E

In Betrieb seit 1914
Bauwerkhöhe: 12m
Feuerhöhe: 13m
Tragweite:
grün 7sm
Optik:
Gürtellinse 200mm, 60cm
Automatik

Brunsbüttel Mole 4

Molenfeuer

Position 53° 53'N 9° 08'E

In Betrieb seit 1977
Bauwerkhöhe: 13m
Feuerhöhe: 13m
Tragweiten: weiß 10sm.rot 8sm
Optik:
Gürtellinse 200mm, 60cm
Automatik

Die deutsche Handelsschiffahrt, insbesondere aber die Kaiserliche Reichsmarine, forderten nach Gründung des Deutschen Reiches einen Seekanal als Ersatz für den völlig unzureichenden Eider-Kanal, da dieser fast 100jährige Kanal die immer größeren Handels- und Kriegsschiffe nicht mehr aufnehmen konnte. Der Hamburger Reeder Dahlström lieferte schließlich, auf Grund schon früher erarbeiteter Unterlagen, den entscheidenden Plan. Nach acht Jahren Bauzeit fand am 21. Juni 1895 die offizielle Einweihung des 98,6km langen Kanals statt.

Damit begann eine steile Karriere für die Wasserstraße – und die zwei eisernen Leuchttürme! Zahl und Größe der zwischen ihnen durchfahrenden Schiffe, vor allem der Kriegsschiffe, steigerten sich im Laufe der Jahre. Hinter dem Rücken der Türme wurde der Kanal nun verbreitert, vertieft – und 1913,

3
4

mit Abschluß der Arbeiten, Leuchtturm Nr.3 an die Einfahrt der neuen, größeren Schleusen gestellt.

Jahrzehntelang lotsten die Feuer Schiffe aller Nationen zu den Schleusen. Turm Nr. 1 erhielt später noch eine neue Galerie, Nr.3 bekam 1947 eine neue Optik und am Unterbau von Nr.2 nagte die Elbe mit jeder Tide. Isoliert und unnahbar standen die Türme auf ihren Molen, als man ihnen 1977 Turm Nr. 4 zur Seite stellte. Seine Volksnähe und sein glatter weißroter Turmschaft animierte jugendliche Sprayer, ihn zu einem der seltenen Graffiti-Leuchttürme zu befördern.

Mittlerweile hatte aber die Elbe an Turm Nr. 2 ganze Arbeit geleistet: 1988 war der Molenunterbau soweit unterspült, das der Turm abmontiert werden mußte. Bis zu seiner Wiederaufstellung im Herbst 1992 schmückte er die Landseite der Kanalinsel.

Hart traf das Schicksal den Leuchtturm Nr. 3 am 28. Januar 1992 durch den griechischen Frachter *Pallas*, als dieser, mit Schlepperhilfe und Lotsen an Bord, gegen die Mole trieb und das gesamte Mauerwerk schwer beschädigte. Der Backsteinturm mußte abgerissen werden. Die gerettete Laterne konnte aber noch im gleichen Jahr einem neuen Stahlturm wieder aufgesetzt werden.

Nachtrag: *Am 14./15. Mai 1993 mußte Turm Nr. 1, wie Nr. 2, abmontiert werden. Auch seine Mole war auseinander gebrochen. Bis zu deren Wiederherstellung steht er auf der Schleuseninsel.*

Hollerwettern – Alter Turm

Quermarken-, Leit- und Unterfeuer

Position 53° 50'N 9° 21'E

In Betrieb von 1911-1982
Bauwerkhöhe: 18m
Feuerhöhe: 15m
Tragweiten: weiß 13sm · grün 9sm

Geduckt hinter dem, nach der Sturmflut 1962 erhöhten, Elbdeich stehen Turm und Anbau des alten Unterfeuers Hollerwettern. Sein Nachfolger ist eine schlanke Betonröhre im Deichvorland, die, zusammen mit dem Oberfeuer, schon in dritter Generation der Richtfeuerlinie Brokdorf leuchtet.

Als die beiden Feuer von Brokdorf 1889 ihren Betrieb aufnahmen, stand die erste geplante Richtfeuerlinie der Unterelbe: das Oberfeuer, ein 10m hoher eiserner Turm, das Unterfeuer, eine Holzhütte von 3m Höhe.

Der Mittelgrund gegenüber der Störmündung, seit 1928 Brammerbank genannt, veränderte um die Jahrhundertwende seine Lage. Nicht nur deshalb mußte die Richtfeuerlinie Brokdorf in den Jahren 1910-11 an einem anderen Standort neu erbaut werden. Ein weiterer Grund lag in nicht ausreichenden, sogenannten "geometrischen Verhältnissen". Vereinfacht erklärt: die Höhe der Feuer und der Abstand zwischen den Türmen waren zu gering. Mit dem Neubau und der Verstärkung der durch Gas gespeisten Lichtquelle hatte sich dieses Problem erledigt. Der Anschluß an das elektrische Stromnetz 1928 und die Umstellung auf Fernsteuerung 1979 waren die letzten großen Veränderungen der alten Anlage.

Das im Bau befindliche Kernkraftwerk Brokdorf verdeckte jedoch teilweise das Oberfeuer und machte den Einsatz neuer Leuchttürme nötig. Am 15. 9. 1982 erloschen die Feuer von 1911. Kurze Zeit später sorgte der Schneidbrenner für den Abgang des eisernen Oberfeuers.

Das Unterfeuer Hollerwettern hatte dagegen mehr Glück, es steht unter Denkmalschutz. Der seit 1960 leerstehende Turm wird mittlerweile wieder bewohnt. Seinen privaten Nutzern hat er seine ungewöhnliche Farbgestaltung zu verdanken, die ihn ganz in lila bemalten.

Glückstadt OF

Oberfeuer

Position 53° 48'N 9° 25'E

In Betrieb seit 1937
Bauwerkhöhe: 33m
Feuerhöhe: 30m
Tragweite: weiß 21sm
Optik: 2 Signalscheinwerfer
Fernsteuerung seit 1978

Glückstadt UF

Unter- und Quermarkenfeuer

Position 53° 48'N 9° 24'E

In Betrieb seit 1937
Bauwerkhöhe: 17m
Feuerhöhe: 15m
Tragweite: weiß 19sm
Optik: Signalscheinwerfer
Fernsteuerung seit 1978

Zur weiteren Vervollständigung der Elbe-Befeuerung richtete das Wasserbauamt in den Jahren 1936-1937 die Richtfeuerlinie Glückstadt ein.

Erstmals verwendete man Stahlbeton für den Bau des Oberfeuers im Norden der Stadt und des Unterfeuers im Deichvorland. Ein dreieckiges, konvex ausgeformtes Laternenhaus enthielt die leuchtfeuertechnische Einrichtung. Die Optik des Unterfeuers war eine 81cm hohe Gürtelleuchte von 250mm Brennweite, die des Oberfeuers eine Linsenleuchte von 150mm Brennweite. Das Licht erzeugte jeweils ein Flüssiggasbrenner. Für den störungsfreien Betrieb der einen Kilometer auseinander stehenden Leuchttürme sorgte ein Leuchtturmwärter.

Nach dem Oberfeuer (kleines Bild) erhielt das Unterfeuer erst 1974 Anschluß an das Stromnetz. Das Jahr 1978 brachte die letzten großen technischen Neuerungen, denn ferngesteuerte Signalscheinwerfer, Ersatz für die alten Gürtellinsen, bestimmten jetzt im Gleichtakt den Kurs der Schiffe.

Glückstadt Nord-Mole

Leit- und Orientierungsfeuer

Position 53° 47'N 9° 25'E

In Betrieb seit 1.8.1914
Bauwerkhöhe: 10m
Feuerhöhe: 10m
Tragweiten: weiß 8sm · rot 6sm · grün 5sm
Optik: Gürtellinse 250mm, 65cm hoch
Fernsteuerung seit 1978

Christian IV, König von Dänemark und Landesherr in Schleswig-Holstein, gründete 1616 Glückstadt. Das Vorhaben, den Warenfluß, der über Hamburg lief, hierher umzuleiten und die Macht der Hansestadt einzuschränken, hatte keinen Erfolg. Glückstadt erreichte als Handelshafen nur geringe Bedeutung.

Für den regionalen Handel gewann Glückstadt dennoch an Gewicht, und die Kleinschiffahrt nutzte den Hafen, wohl auch wegen der Eisenbahnverbindung nach Kiel und Altona. Am 1.12.1846, unter dänischer Herrschaft, nahm das erste Feuer, eine an einem Pfahl hängende Laterne auf der Spitze der Nordmole, den Betrieb auf. Bis 1871 funktionierte diese Einrichtung, dann ersetzte sie ein kleiner Eisenleuchtturm. Der neue, über acht Meter hohe Turm wurde auf einem Granitsockel weiter landeinwärts hinter dem ersten, mittlerweile eingestellten, Feuer errichtet. Der weiße Turm mit schwarzer Kuppe zeigte ein weißes Festfeuer und einem roten Sektor nach Westen. Ganz in seiner Nähe kam nach 1890 dann noch ein Signalmast für Sturmwarnungen hinzu.

Nach 43 Jahren Dienstzeit mußte der Turm gegen den noch heute betriebenen Stahlgitterturm ausgetauscht werden. Am 1.8.1914 leuchtete sein Licht, damals noch mit Petroleum betrieben, zum ersten Mal auf. Erst 1959 erhielt der Leuchtturm elektrischen Strom, um eine 40 Watt Glühlampe zu versorgen, deren Schein aber immer noch durch die alte Gürtellinse verstärkt wird.

Krautsand

Oberfeuer

Position 53° 45'N 9° 23'E

In Betrieb seit 1908
Bauwerkhöhe: 35m
Feuerhöhe: 36m
Tragweite: weiß 13sm
Optik: Signalscheinwerfer
Fernsteuerung seit 1977

Krautsand

Unterfeuer

Position 53° 45'N 9° 23'E

In Betrieb seit 1978
Bauwerkhöhe: 23m
Feuerhöhe: 20m
Tragweite: weiß 11sm
Optik: Signalscheinwerfer
Fernsteuerung

Zwar hat die Elbe, sechzig Kilometer von der Mündung entfernt, weitgehend ihre Gefährlichkeit verloren, doch viele Sandbänke bedrohten auch hier die Schiffahrt. Zur Kennzeichnung der früher besonders schwer zu befahrenden Strecke bei der Insel Krautsand legte Hamburg 1859 das erste Feuerschiff *Krautsand* aus. Erst über vierzig Jahre später, 1901, stand der erste Leuchtturm auf der Insel.

Möglicherweise hatte der Architekt sich bei dem Entwurf an französischen Vorbildern, den Doppeltürmen Le Stiff oder Cap Fréhel, orientiert. An den achteckigen weißen Turm aus Backstein lehnte sich noch ein schlanker runder Turm, der den Aufgang für die drei Etagen des Hauptturmes enthielt. Er galt als der wohl schönste Leuchtturm der Unterelbe. Zu Beginn seines Betriebes bekam er ein lichtstarkes Dreh-Leitfeuer mit farbigen Sektoren, ein technisches Experiment, das fehlschlug. Mit einem behelfsmäßigen Pfahlfeuer als Unterfeuer wurde dann 1905 eine Richtfeuerlinie eingerichtet. Doch schon 1906 beschloß der Senat der Stadt Hamburg ein neues Oberfeuer zu bauen, das am 15.2.1908 betriebsbereit war – der alte Turm war jetzt Unterfeuer.

Das neue Oberfeuer, eine eiserne Gitterkonstruktion, stand auf einer pfahlgegründeten sechseckigen Betonplatte. Ein Wohn- und Dienstgebäude für den Leuchtturmwärter vervollständigte die Anlage. Das zu jener Zeit übliche Petroleum-Glühlicht und eine 95cm hohe Gürteloptik von 300mm Brennweite sorgten für die erforderliche Lichtstärke des Feuers. Nach Vertiefung und Verbreiterung der Fahrrinne, auf die das Richtfeuer gerichtet war, konnte 1910 das Feuerschiff eingezogen werden.

Um die immer zahlreicher werdenden Leuchttürme auch am Tage besser unterscheiden zu können, erhielten die einfarbigen Türme ab 1927 andersfarbige Ringe. Das in den Anfangsjahren rote und später weiße Oberfeuer erhielt damals sein noch heute gültiges Aussehen. Im gleichen Jahr ersetzte auch ein Propangasbrenner sein altes Petroleum-Glühlicht, das bis zum Anschluß an das Stromnetz, 1958, brannte.

Durch die Umstellung auf Fernsteuerung kam 1977 das Dienstende des alten Unterfeuers, denn einer der modernen gleichförmigen Türme war nicht weit von ihm aufgestellt und in Betrieb genommen worden. Der schöne alte Turm versank 1978 durch die Abrißbirne in einer Staubwolke.

Pagensand-Nord

Leitfeuer

Position 53° 43'N 9° 29'E

In Betrieb seit 1933
Bauwerkhöhe: 12m
Feuerhöhe: 11m
Tragweiten: weiß: 6sm
rot 4sm · grün 3sm
Optik: Gürtellinse
Automatik

Pagensand-Mitte

Leitfeuer

Position 53° 42'N 9° 30'E

In Betrieb seit 1932
Bauwerkhöhe: 12m
Feuerhöhe: 11m
Tragweiten: weiß 9sm
rot 7sm · grün 5sm
Optik: Gürtellinse
Automatik

Pagensand-Süd

Orientierungsfeuer

Position 53° 40'N 9° 32'E

In Betrieb seit 1934
Bauwerkhöhe: 12m
Feuerhöhe: 11m
Tragweiten: weiß 7sm · rot 5sm
Optik: Gürtellinse
Automatik

Pagensand ist eine schon seit Jahrhunderten bewohnte und landwirtschaftlich genutzte Insel. Mitte des 19. Jahrhunderts bildete sich an der Südostspitze eine zweite Insel mit dem Namen "Hungriger Wolf", die in wenigen Jahren mit Pagensand zusammenwuchs. Durch weitere Untiefen, wie dem Schwarztonnen-Sand, blieb nur noch eine schmale, sich windende schiffbare Rinne übrig. Sie forderte, obwohl schon betonnt, von den Schiffsbesatzungen dauernde Aufmerksamkeit und viele Segelmanöver. Wegen des ständig zunehmenden nächtlichen Schiffsverkehrs lag deswegen ab 1866 zusätzlich das Feuerschiff *Grauer Ort* hier vor Anker.

Eine weitere Navigationshilfe war das an der Nordseite des Pagensandes 1873 aufgestellte Leuchtfeuer: Ein einfaches Holzgerüst, dessen geschlossene obere Hälfte die Leuchteneinrichtung enthielt. Zusammen mit dem gleichzeitig erbauten, auf dem holsteinischen Ufer stehenden Feuer "Im Esch" bildete der weiße "Turm" eine Richtfeuerlinie (damals als Leitfeuer bezeichnet).

Zusätzlich zeigte das Feuer noch einen roten Sektor in Richtung Feuerschiff. Durch Veränderung des Fahrwassers mußte 1877 ein zweiter Turm auf dem Sand errichtet werden. Er ersetzte sowohl das Feuer "Im Esch" (1881 abgerissen), als auch das Feuerschiff.

Eine neue Generation von stählernen Leuchttürmen übernahm 1893 die Aufgabe der Richtfeuer. Es waren durch Gitterkonstruktionen gestützte Eisenrohre, in denen sich der Aufgang zur Laterne befand. Das Oberfeuer, mit 36m fast doppelt so hoch wie das Unterfeuer, hatte auf halber Höhe noch einen Wärterraum und eine Galerie. Als Unterkunft für die Leuchtturmwärter war neben dem großen Turm ein festes Dienstwohngebäude errichtet worden.

Die Befeuerung der Insel erfolgte Anfang der 30er Jahre dieses Jahrhunderts durch den Bau der Buhnen und dem Aufschütten des nördlichen Leitdamms, auf deren Enden man die Leuchttürme aufstellte. Sie waren baugleich mit denen in der Ostemündung: Auf einem Basaltsteinsockel stand die Leuchte auf ihrem Flüssiggastank. Flüssiggas versorgte ab 1933 auch die Richtfeuer, die bis dahin noch Petroleum verbrannten. Zwischen 1963 und 1967 erhielten alle Türme auf Pagensand Anschluß an das Stromnetz, und seit 1992 wird der Strom für das Feuer Pagensand-Nord durch Solar- und Windenergie erzeugt.

Die alten Türme der Richtfeuerlinie übergaben nach 99 Jahren Dienst ihre Aufgabe an kostengünstigere Nachfolger. Zwei Wochen nach der Übergabe ihrer Feuer, am 22. Juli 1992, hatten Schneidbrenner die Leuchttürme zu Schrott zerlegt.

Juelssand

Leitfeuer

Position 53° 37'N 9° 33'E

In Betrieb seit 1896
Bauwerkhöhe: 16m
Feuerhöhe: 14m
Tragweiten: weiß 8sm · rot 6sm · grün 5sm
Optik: Gürtellinse 187,5mm, 56cm
Fernsteuerung seit 1981

Seit wann und warum dieser Leuchtturm "Kleiner Kohn" genannt wird, ist nicht mehr feststellbar. Möglicherweise hat aber schon der Vorgänger, ein 1873 errichtetes einfaches und mit Brettern verkleidetes Holzgerüst, den Namen erhalten. Trotz der 13m Höhe wird dieses erste Bauwerk so beschrieben, daß "...innen gerade soviel Raum, daß die in einem kupfernen, verglasten Ausbau stehende Leuchtfeuer-Lampe windgeschützt angezündet und Brennstoff aufbewahrt werden konnte...".

Beim Bau des zweiten Leuchtturmes 1895/96 haben die Erbauer sich offensichtlich an die äußere Form des ersten Turmes gehalten. Allerdings verbanden sie den Backsteinbau mit einem Wärterhaus und wählten einen weiter landeinwärts gelegenen Standort. Von hier aus leuchtete vom 28. September 1896 im Probebetrieb und ab 7. Oktober endgültig ein Petroleum-Dochtlicht für die Schiffahrt auf der Elbe. Von 1904 bis 1915 markierte das Feuer von Juelssand, zusätzlich zu seiner Aufgabe als Leitfeuer, noch die Begrenzung des Fahrwassers elbaufwärts. Erst ab 1958 erhielt Juelssand Propangasbefeuerung und 1966 elektrischen Strom.

Bis in die 1960er Jahre hinein wurde das Feuer bewacht, mittlerweile fast eine Domäne der Frauen. Denn, wie auch bei den Feuern Grünendeich und Lühe, versah bis zuletzt eine (Hilfs-)Leuchtfeuerwärterin ihren Dienst.

Twielenfleth – Alter Turm

Leit- und Quermarkenfeuer

Position 53° 36'N   9° 34'E

In Betrieb von 1893-1984
Bauwerkhöhe: 7m über Deichkrone
Feuerhöhe: 13m
Tragweiten: weiß 9sm · rot 6sm · grün 5sm

Wenn ein Leuchtturm ein Wappen ziert, wie in dem der Gemeinde Hollern-Twielenfleth, ist das schon eine Seltenheit. Sein Abbild im Wappen wird noch an ihn erinnern, wenn er eines Tages nicht mehr existiert.

Im November 1893 nahm die viereckige Leuchtbake mit der runden Laterne ihren Dienst auf. Gebündelt durch eine 75cm hohe Gürtellinse von 250mm Brennweite, strahlte die Petroleumglühlampe ihr Leitfeuer elbabwärts. Diese Aufgabe war aber nur von kurzer Dauer und endete 1897 mit der Umfunktionierung zum Unterfeuer. Durch zweckmäßige Aufstellung bildete Twielenfleth zusammen mit dem Oberfeuer Bassenfleth und dem Unterfeuer Stadersand zwei Richtfeuerlinien.

Wegen Veränderung des Fahrwassers erfolgte 1927 die Einstellung des Richtfeuers, Twielenfleth wurde wieder Leitfeuer. Nach der Umstellung auf elektrische Stromversorgung 1960 und Fernsteuerung 1973, verlöschte das Feuer am 12. 10. 1984. Wieder waren Änderungen des Fahrwassers ausschlaggebend, und dieses Mal kam ein neuer Kunststoffturm zum Einsatz.

Nach dem Abbruch erhielt der Turm seinen jetzigen Platz hinter dem Deich als technisches Industriedenkmal, eine Ehre, die seinem Nachfolger sicher nicht widerfahren wird.

Tinsdal

Oberfeuer

Position 53° 34'N 9° 45'E

In Betrieb seit 1.1.1900
Bauwerkhöhe: 42m
Feuerhöhe: 56m
Tragweite: weiß 16sm
Optik: Signalscheinwerfer
Fernsteuerung seit 1979

Wittenbergen

Unterfeuer

Position 53° 34'N 9° 45'E

In Betrieb seit 1.1.1900
Bauwerkhöhe: 30m
Feuerhöhe: 30m
Tragweite: weiß 14sm
Optik: Signalscheinwerfer
Fernsteuerung seit 1979

Somfletherwisch

Oberfeuer

Position 53° 34'N 9° 39'E

In Betrieb seit 25.2.1907
Bauwerkhöhe: 35m
Feuerhöhe: 32m
Tragweite: weiß 13sm
Optik: Signalscheinwerfer
Fernsteuerung seit 1974

Mielstack

Unterfeuer

Position 53° 34'N 9° 39'E

In Betrieb seit 25.2.1907
Bauwerkhöhe: 16m
Feuerhöhe: 13m
Tragweite: weiß 12sm
Optik: Signalscheinwerfer
Fernsteuerung seit 1974

Grünendeich

Oberfeuer

Position 53° 35'N 9° 37'E

In Betrieb seit 1.1.1900
Bauwerkhöhe: 37m
Feuerhöhe: 36m
Tragweite: weiß 13sm
Optik: Gürtellinse 300mm. Fernsteuerung seit 1972

Um gegenüber anderen Häfen konkurrenzfähig zu sein, mußte der Hamburger Hafen immer sicher und schnell zu erreichen sein. Die Stadt Hamburg war ständig gefordert, den nicht einfachen Weg von der Elbemündung zum Hafen für den zunehmenden nächtlichen Verkehr auszubauen. Die Unwägbarkeiten in dem Strom- und Gezeitengebiet kurz vor Hamburgs Toren zeigt die

Entwicklung der Befeuerung zwischen der Lühemündung bis Wittenbergen.

Den Anfang machte 1839 das Feuerschiff *Schulau,* das vor dem Engpaß zwischen dem Elbhafen Schulau und dem Hanskalbsand warnte. Ab 1855 unterstützte eine Leuchtbake, die 185 Meter flußaufwärts vom Hafen entfernt stand, das Feuerschiff.

Ein zweites Feuerschiff *Lühe*, wie auch *Schulau* ein einmastiger Ewer, markierte von 1844–1866 die Untiefen im Bereich der Lühemündung. Ihm folgte 1868 ein hölzerner Turm. Er war Prototyp für Juelssand und den neuen Turm von Schulau, die beide 1873 entstanden. Der Schulauer Turm erhielt zu dem weißen Feuer auch noch ein rotes zur Kennzeichnung des Fahrwassers. Während der Wintermonate 1879 –1882 hing an einem Mast in Mielstack noch ein weiteres Licht aus. 1893 erhielt die Lühemündung eine neue Leuchtbake, von der gleichen Bauart wie Twielenfleth.

Nach einem Beschluß des Senats der Hansestadt von 1897 begannen 1899 die Bauarbeiten zu mehreren neuen Richtfeuerlinien. Die ersten nahmen 1900 ihren Betrieb auf. Es waren am Elbnordufer die zwei Richtfeuer Tinsdal-Wittenbergen und Tinsdal-Billerbeck, am Elbsüdufer Grünendeich-Lühe. Für diese löschte man das Feuer bei Schulau, und das Feuerschiff *Schulau* wurde eingezogen. 1907 vervollständigte das Richtfeuer Somfletherwisch-Mielstack am Südufer die Befeuerung.

Die aus Backstein gemauerten neuen Unterfeuer Mielstack (1905) und Lühe (1907) mit den angeschlossenen Wohnhäusern unterschieden sich erheblich von den anderen Türmen. Die Unterfeuer Wittenbergen (Vorseite, großes Bild) und Billerbeck sowie die Oberfeuer Tinsdal (Vorseite, kleines Bild), Grünendeich, Somfletherwisch und ab 1908 Krautsand hatten alle das gleiche Konstruktionsschema. Das auf Pfählen gegründete Fundament, Ausnahme Tinsdal, trug eine sechseckige Stahlgitterkonstruktion mit innenliegendem Stahlrohr als Aufgang zur Laterne. Neben den Oberfeuern standen noch Wohnhäuser für die Wärter.

Für Schlagzeilen sorgte 1905 der Leuchtturm Wittenbergen, als der komplette 30m hohe Gitterturm innerhalb einer halben Stunde um 9m auf ein neues Fundament verschoben wurde. Ohne Schlagzeilen verlöschten mittlerweile die alten Unterfeuer Billerbeck und Lühe. Während das Unterfeuer Lühe 1970 durch ein neues ersetzt wurde und jetzt nur noch als Wohnhaus genutzt wird, verschwand Billerbeck 1960 ersatzlos. Sein alter Platz wird von der Kaimauer des Kraftwerkes Wedel belegt.

Blankenese OF

Richtfeuer

Position 53° 34'N 9° 49'E

In Betrieb seit 1984
Bauwerkhöhe: 40m
Feuerhöhe: 84m
Tragweite: weiß 20sm
Optik: Signalscheinwerfer
Fernsteuerung

Blankenese UF

Richtfeuer

Position 53° 34'N 9° 48'E

In Betrieb seit 1984
Bauwerkhöhe: 42m
Feuerhöhe: 41m
Tragweite: weiß 16sm
Optik: Signalscheinwerfer
Fernsteuerung

Den "Leuchtturm als Pfahl im Fleisch der Blankeneser" sah 1983 eine Hamburger Zeitung und meinte damit die "Leuchtspargel" auf der "Raketenabschußrampe". Diese bissigen Äußerungen, insbesondere gegen das geplante Oberfeuer der Richtfeuerlinie Blankenese, erhielten aus berufenem Mund Unterstützung mit der Aussage: "Wir Elblotsen sind dagegen". Bürgerinitiativen, parlamentarische Gremien und sogar das Gericht mühten sich um die Bauwerke. Vergebens, sie wurden gebaut. Jetzt bemühten sich Architekten in einem Wettbewerb, Ingenieure und schließlich noch ein Landschaft- und Gartengestalter.

Nach Gründung der Bohrpfähle in den Geestboden des Kanonenberges im Baurspark entstand innerhalb von 14 Tagen der Turmschaft des Oberfeuers. Im Dezember 1983 stand der Beton-Rohbau. Der Bau des Unterfeuers konnte erst im Frühjahr 1984 beginnen, nachdem man das Fundament tief in den Elbboden abgesenkt hatte. Den spektakulären Abschluß hatte der Bau mit dem Aufsetzen des stählernen Turmkopfes durch einen Schwimmkran.

Am 29. November 1984 waren über vier Millionen DM ausgegeben und die Richtfeuer feierlich in Betrieb genommen worden. Vier Signalscheinwerfer im Oberfeuer (kleines Bild) und zwei im Unterfeuer mit je 30 Watt/12 Volt Glühlampe und Spezialoptik senden seitdem ihr Licht elbabwärts.

Die zunächst geplante Aussichtskanzel auf dem Oberfeuer wurde gestrichen. Dafür können Besucher jetzt über einen Zugangsdamm die drei Aussichtsplattformen am Unterfeuer betreten und den vorbeifahrenden Schiffen zuwinken.

Roter Sand

See-, Leit- und Quermarkenfeuer

Position 53° 51'N 8° 05'E

In Betrieb von 1885-1986
Bauwerkhöhe: 28m
Feuerhöhe: 24m
Tragweiten: weiß 10sm · rot 7sm · grün 6sm
Optik: Gürtellinse

Der Bau dieses Leuchtturms begann mit einem Fehlschlag: Zu Beginn des Herbstes 1881 zerstörte ein Sturm den Caisson des gerade begonnenen Projektes. Erst knapp zwei Jahre später, im Mai 1883, startete der nächste Anlauf, um den ersten Leuchtturm im freien Meer zu errichten. Unter der Führung des jungen Walter Körte, des später berühmten Leiters des deutschen Seezeichenwesens, konnte das Bauwerk vollendet und das Feuer am 1. November 1885 weit draußen in der Wesermündung gezündet werden.

Technisch ein Meisterwerk, architektonisch ein Kunstwerk, gab er den auslaufenden Schiffen in der aufgewühlten Nordsee einen letzten Gruß, den ankommenden signalisierte er die Nähe des sicheren Hafens. In den Jahrzehnten seiner Existenz ist wohl kein deutscher Leuchtturm so häufig photographiert und gemalt worden wie "Roter Sand".

Doch die zerstörerischen Kräfte der Nordsee bewirkten durch Wind und Gezeitenströme, daß nach knapp 80 Jahren das Ende seiner Dienstzeit nahte. Bei Untersuchungen für mögliche technische Modernisierungen wurden Schäden am Fundament festgestellt. Da sich mittlerweile auch das Fahrwasser verlagert hatte, mußte deshalb 1964 sein Hauptfeuer gelöscht werden. Nur sein Nebenfeuer brannte noch bis in den November 1986. Seine Aufgaben übernahm der 1,7sm entfernt stehende neue Leuchtturm "Alte Weser".

Was aber sollte mit einem Leuchtturm geschehen, der eigentlich keiner mehr war und zum Schiffahrtshindernis werden konnte? Abwracken oder an Land holen? Der einstige Stolz der Küste hatte zu viele Freunde, die eine Amputation nicht zuließen. Sie ermöglichten 1987 die Restaurierung des Fundamentes von "Roter Sand" und erreichten, daß er heute unter Denkmalsschutz steht – seit 1989 wieder in voller Farbenpracht.

Alte Weser

See-, Orientierungs- und Leitfeuer

Position 53° 52'N 8°08'E

In Betrieb seit 1.9.1964
Bauwerkhöhe: 38m
Feuerhöhe: 34m
Tragweiten: weiß 23sm · rot 19sm · grün 18sm
Optik: Gürtellinse
Fernsteuerung seit 1972

Ein Leuchtturm, der im Schatten seines Dienstvorgängers steht, des ehemaligen Leuchtturmes "Roter Sand". Dabei braucht "Alte Weser" sich nicht zu verstecken. Er ist ein Produkt seiner Zeit, innerlich voll modernster Technik, äußerlich rationell und zweckmäßig. Aber trotz neuester Baumethoden ereilte ihn ein ähnliches Schicksal wie den Leuchtturm "Roter Sand": Der erste Versuch, ihn 1961 aufzustellen, mißlang, da Wasserdruck den untersten Turmschaft zerdrückte und dieser daraufhin unkontrolliert absackte. Dieses Unglück forderte das Leben von zwei Menschen. Die besondere Tragik hierbei: Die beiden Toten waren zwei von den drei am Bau beteiligten Brüdern.

Erst beim zweiten Versuch, 1962-1963, gelang seine Aufstellung in der Mitte des "Alte Weser" genannten Fahrwassers, und auch dies nur mit einem Mißgeschick. Die bei den Kieler Howaldts Werken AG vorproduzierten Teile des Turmes sollten mit einer Hubinsel an den Aufstellungsort transportiert und dort eingespült werden. Während dieser Arbeiten sackte die Montageplattform plötzlich ab. Zum Glück ohne ernsthafte Folgen für das Unternehmen; aber erst durch Unterstützung einer weiteren Hubinsel konnte das Projekt vollendet werden.

Vier Leuchtturmwärter waren an ihrem neuen Arbeitsplatz, als am 1.September 1964 das Feuer des Turmes aufleuchtete. Im 14-tägigen Wechsel mit einer weiteren Crew versahen sie ihren Dienst bis 1972, dem Jahr, in dem der Turm an die Fernsteuerung angeschlossen wurde.

Tegeler Plate

Leit- und Quermarkenfeuer

Position 53° 48'N 8° 12'E

In Betrieb seit 1965
Bauwerkhöhe: 24m
Feuerhöhe: 21m
Tragweiten: weiß 21sm · rot 17sm · grün 16sm
Optik: Gürtellinse mit Umlaufblende
Fernsteuerung seit 1972

Ausgerechnet aus der Hamburger Kaufmannschaft kam 1815 die Empfehlung, ein Feuerschiff in der Wesermündung zu verankern. Die pragmatischen Bremer folgten diesem Rat und stationierten 1818 das hölzerne Feuerschiff *Pilot* an dem Zusammenfluß von Alter und Neuer Weser. Es war eine gut gewählte Position: über 150 Jahre lagen Feuerschiffe an dieser Stelle, bis 1856 als *Weser 1* und seit 1856 mit dem Namen *Bremen*. 1966 wurde das letzte Feuerschiff *Bremen* abgezogen und auf der Elbe eingesetzt. Es ist das heutige Museumsschiff *Elbe 3*, das im Museumshafen Hamburg-Oevelgönne liegt.

Der Leuchtturm Tegeler Plate löste das Feuerschiff ab. Er erhielt seinen Standort 2,5sm südöstlich auf der Sandbank gleichen Namens. In nur einem Tag konnte der vorgefertigte Turm 17m tief in den Grund eingespült werden.

Während die alten, an einer 250m langen Ankerkette hängenden Feuerschiffe im ab- und auflaufenden Wasser von Ebbe und Flut vertrieben und bei hohem Seegang die Laternen durch die Wellen schaukelten, geben die präzisen Leit- und Quermarkenfeuer des Leuchtturmes der Schiffahrt eine größere Sicherheit beim Navigieren in diesen Gewässern.

Hohe Weg

Leit- und Quermarkenfeuer

Position 53° 43'N 8° 15'E

In Betrieb seit 1856
Bauwerkhöhe: 33m
Feuerhöhe: 29m
Tragweiten: weiß 19sm · rot 16sm · grün 15sm
Optik: Gürtellinse
Fernsteuerung seit 1973

Politisches Gerangel bestimmte die Vorgeschichte und den Bau dieses Leuchtturms in der Wesermündung. Mit der Zunahme des Schiffsverkehrs auf der Weser während des 16.Jahrhunderts setzte die Stadt Bremen zu dessen Sicherung Seezeichen in die Watten der Weser. Dadurch gab es Streit mit den oldenburgischen Grafen, die die Wattengebiete, zeitweise von der Jade bis zur Elbe, beanspruchten. Sie selbst wollten durch ihre Oldenburger Schiffergesellschaft die Fahrwasser "ausbaken" lassen. Obwohl diese Gesellschaft kaum etwas für die Zeichnung der Fahrwasser zu Stande brachte, rissen sie die von Bremen errichteten Seezeichen ab, um, wie es damals hieß "das bisher exerzierte Dominium auf dem Weserstrom nicht in Abgang kommen zu lassen"! Erst nach langen, zähen Verhandlungen gelang es 1697 den Bremern, dem Grafen die Erlaubnis zum Aufstellen einer Kape abzuringen. Sie war Vorgängerin der sogenannten "Bremer Bake", die 1783 auf dem Hohe Weg stand.

1824 begannen die Bauvorbereitungen für ein festes Seezeichen auf dem Hohe Weg. Wieder legten sich die Oldenburger quer. Die Bremer waren deswegen gezwungen, vorerst ab 1840 ein Feuerschiff an die Position zu legen, und erst 1854 konnte mit dem Projekt begonnen werden.

Der holländische Baumeister J.J.van Ronzelen ließ 60 Pfähle von 4m Länge in den Grund rammen und diese untereinander mit Eisenketten verbinden. Das Fundament sicherten dann mehrere Steinlagen und eine flachansteigende Böschung aus Felsquadern. Auf dieser soliden Grundlage, einer sogenannten "schwimmenden" Gründung, wuchs der achteckige Ziegelturm empor. Doch Stürme behinderten die Arbeiten, und ein ausgewachsener Orkan brachte die Erbauer in äußerste Lebensgefahr. Aber schon im darauffolgendem Jahr 1856 konnte Hohe Weg-Feuer in Dienst gestellt und das Feuerschiff eingezogen werden.

In seiner langen Laufbahn hat sich an dem Leuchtturm vieles verändert. 1857 erhielt die Turmbesatzung Landverbindung durch eine Telegrafenleitung, um Schiffs- und Wettermeldungen durchzugeben. Von 1893 bis 1976 stand auf der Anlegebrücke ein Semaphor, der die Windstärken und -richtungen auf Borkum und Helgoland anzeigte. Erst 1941 ersetzte elektrisches Licht das alte Petroleum-Glühlicht, und 1961/62 erhielt der Turmkopf, im Zuge der Modernisierung, eine Radarantenne. Die ursprünglich vier Wärter zogen 1973 ab, als das Feuer mit Fernsteuerung überwacht wurde.

Ausgebaut hat man auch seine erste "Fresnelsche Optik 2. Ordnung" – sie ist im Deutschen Schiffahrtsmuseum in Bremerhaven zu bewundern.

Ober-Eversand

Oberfeuer

Position 53° 45'N 8° 21'E

In Betrieb von 1887-1923
Bauwerkhöhe: 34m
Feuerhöhe: 29m

Unter-Eversand

Unterfeuer

Position 53° 44'N 8° 22'E

In Betrieb von 1887-1923
Bauwerkhöhe: 21m
Feuerhöhe: 16m

Augenfälliges Zeugnis für Macht und Eigenwilligkeit der Natur sind die alten Türme der Leuchtfeuer vom Eversand, denn bis in die 20er Jahre dieses Jahrhunderts führte das Hauptfahrwasser der Weser durch den Wurster Arm, an den der Eversand grenzt.

Im 19. Jahrhundert forderten zunehmender Verkehr und größere Schiffe überall, insbesondere aber in kurvenreichen Stromverläufen, immer bessere Navigationshilfen. Die 1832 errichteten Baken auf dem Eversand eigneten sich zwar gut als Tagessichtzeichen, jedoch nicht für die nachts fahrenden Dampfer. Gelöst wurde das Problem durch den Bau von vier Leuchttürmen: Oberfeuer (großes Bild) und Unterfeuer Eversand (kleines Bild)als Richtfeuer sowie Meyers Legde und Solthörn als Leitfeuer. Die Konstruktionen waren, abgesehen von der unterschiedlichen Höhe und dem Holzturm Solthörn, alle ähnlich. Im Boden verankerte Gittergestelle trugen die dreistöckigen Eisentürme mit ihren Leuchten. Äußerlich unterschieden sich die schwarzgestrichenen Leuchttürme vor allem durch die Farbe ihrer Lampenhäuser: das Oberfeuer schwarz, das Unterfeuer weiß und das Leitfeuer rot.

Schon bald nachdem die Feuer 1887 den Betrieb aufgenommen hatten, mußte wegen Fahrwasserveränderung 1906 ein neuer Leuchtturm Meyers Legde, ein runder Backsteinbau, errichtet werden. Trotz aller Bemühungen der zuständigen Stellen versandete das Fahrwasser immer mehr und die seit 1887 betriebenen Feuer mußten 1923 gelöscht werden. Nur vom alten Turm Meyers Legde leuchtete noch bis 1945 ein Quermarkenfeuer. Das frühere Hauptfahrwasser konnte nur noch von Kleinschiffahrt und Fischerei genutzt werden, denn sogar die zur Stromregulierung erbauten Buhnen waren versackt.

Der Eversand und die angrenzenden Watten sind mittlerweise Naturschutzgebiet des Nationalparks und von den Unterfeuer-Leuchttürmen Eversand und Meyers Legde stehen nur noch leere Hüllen. Doch auch sie sind im Weserwatt nützlich: als Nistplatz für Kormorane. Oberfeuer Eversand dient weiterhin als Rettungsbake.

Robbenplate

Oberfeuer

Position 53° 41'N 8° 24'E

In Betrieb seit 1924
Bauwerkhöhe: 37m
Feuerhöhe: 37m
Tragweite: weiß 18sm
Optik: Doppelsignallaterne
Fernsteuerung seit 1972

Wie ein Keil teilte der Sand Robbenplate einst die Weser in zwei Fahrwasser. Doch die dynamischen Kräfte eines Flusses waren und sind immer am Werk. Das einstige Hauptfahrwasser, der heutige Wurster Arm, versandete zusehends, die jahrelangen Strombaumaßnahmen versackten. 1922 begann unter der Leitung des Wasserbauers Ludwig Plate ein großangelegtes Projekt zur Verlegung des Fahrwassers. Dazu gehört auch der heute ca. 11km lange Leitdamm beim Sand Robbenplate, dessen ältester Teil das alte Hauptfahrwasser absperrte.

Für das neue Fedderwarder Hauptfahrwasser begannen 1923 die Bauarbeiten an dem Oberfeuer der neuen Richtfeuerlinie Robbenplate. Eine Stahlspundwand sicherte über 50 Pfähle, die das Betonfundament trugen, auf dem der sechsgeschoßige Backsteinturm entstand. Mit der Laterne des gerade gelöschten Leuchtturms Meyers Legde nahm er 1924 seinen Betrieb auf.

1959 erhielt der rote Turm als erster Weser-Leuchtturm eine Radarantenne. Dazu mußte allerdings sein altes, grünes Lampenhaus geändert werden. Größtes Problem wurde im Laufe der Zeit die Feuchtigkeit, die durch alle Fugen des alten Gemäuers drang. Es konnte 1992 durch die Ummantelung des Turmes mit Aluminiumprofilplatten gelöst werden. Dieser Aktion fiel allerdings der charakteristische alte Umgang auf halber Höhe des Turmes zum Opfer. Aber wem nutzte dieser schon, denn die letzten Leuchtturmwärter hatten bereits 1972, nach dem Anschluß an die Fernsteuerung, den Turm verlassen.

Kaiserschleuse Ostfeuer

Molenfeuer

Position 53° 33'N 8° 34'E

In Betrieb seit 15.7.1900
Bauwerkhöhe: 15m
Feuerhöhe: 10m
Tragweite: grün 4sm
Optik: Gürtelleuchte
Fernsteuerung

Nach die Fertigstellung der Kaiserschleuse, zu jener Zeit die größte Schleuse der Welt, war der Zugang zum tidefreien Kaiserhafen in Bremerhaven hergestellt. Die Stadt Bremen als Bauherr des Projektes wollte es sich aber auch nicht nehmen lassen, dem Ganzen noch ein i-Tüpfelchen aufzusetzen. Nach den Plänen des Hafenbaumeisters R. Rudloff ließ sie deshalb 1900 am Vorhafen diesen kleinen Turm errichten. Wenn auch ohne Vorbild, entsprach der rote Backsteinbau mit den Blindfenstern doch dem häufig historisierenden Stil des Kaiserreiches. Seiner Einmaligkeit verdankt er, daß er seit 1984 unter Denkmalsschutz steht und der zur Stromseite hängenden Nebelglocke seinen liebevollen Spitznamen: "Kleiner Glockenturm" oder "Bimmelturm". Die Glocke und das Licht werden vom Schleusenpersonal geschaltet.

Eine Besonderheit ist die für ihn zuständige Behörde: während für Seezeichen sonst eine Bundesbehörde (Wasser-und Schiffahrtsamt) sorgt, steht dieser Leuchtturm unter der Obhut einer Landesbehörde mit dem ungewöhnlichen Namen "Hansestadt Bremisches Amt Bremerhaven".

Bremerhaven OF

Oberfeuer

Position 53° 33'N 8° 34'E

In Betrieb seit 1855
Bauwerkhöhe: 37m
Feuerhöhe: 35m
Tragweite: weiß 8sm
Optik:
Doppelsignalscheinwerfer
Fernsteuerung seit 1973

Bremerhaven UF

Unterfeuer

Position 53° 33'N 8° 34'E

In Betrieb seit 1893
Bauwerkhöhe: 26m
Feuerhöhe: 21m
Tragweite: weiß 8sm
Optik:
Doppelsignalscheinwerfer
Fernsteuerung seit 1973

Durch dem 1852 fertiggestellten Neuen Hafen erweiterte die Hansestadt Bremen die Umschlagskapazitäten erheblich. Neben der Zufahrtsschleuse zum Neuen Hafen, die mittlerweile zugeschüttet ist, wuchs in den Jahren 1854-1855 ein Leuchtturm in die Höhe, der sehr einem Kirchturm glich. Dies hatte einen Grund, denn sein Architekt Simon Loschen, der auch die Große Kirche in Bremerhaven entworfen hatte, war ein entschiedener Verfechter des neugotischen Baustils.

Mit dem ersten Aufleuchten der Argandschen Lampen nahm der Große Turm 1855 als ältester Weser-Leuchtturm seinen Betrieb auf. Zunächst als ein rundum sichtbares weißes Festfeuer, erhielt der Große Turm 1893 eine neue Aufgabe. Durch den Bau eines kleineren Stahl-Leuchtturms ganz in seiner Nähe entstand eine flußaufwärts weisende Richtfeuerlinie. Der neue Turm, wegen seiner ausgefallenen Form im Volksmund das Minarett oder auch Zwiebelturm genannt, erhielt als Unterfeuer ein rotes Licht. Der Große Turm zeigte als Oberfeuer sein verstärktes weißes Licht.

Während des 2. Weltkrieges erhielt das Oberfeuer 1942 elektrischen Strom und das schon 1925 elektrifizierte Unterfeuer eine Einrichtung zur Fernbedienung. Der große Turm entging knapp den Bomben, die die Anbauten mit der Wohnung des Leuchtturmwärters zerstörten. Der letzte Wärter verließ 1973, nach der Umstellung auf Fernsteuerung, seinen Posten.

Trotz seiner guten Bausubstanz erhielt der große Turm 1986 eine gründliche Sanierung und im Alter von 130 Jahren Denkmalschutz. Das Unterfeuer, inzwischen mit weißem Feuer, bekam zum 100. Geburtstag Doppelscheinwerfer, einen neuen Standort und wurde um ca. 3m erhöht.

Geestemündung Mole Nord

Molenfeuer

Position 53° 32'N 8° 35'E

In Betrieb seit 1914
Bauwerkhöhe: 14m
Feuerhöhe: 15m
Tragweite: rot 5sm
Optik: Gürtellinse
Fernsteuerung seit 1973

Geestemündung Mole Süd

Molenfeuer

Position 53° 32'N 8° 35'E

In Betrieb seit 1925
Bauwerkhöhe: 14m
Feuerhöhe: 15m
Tragweite: grün 5sm
Optik: Gürtellinse
Fernsteuerung seit 1973

Der älteste aller Bremerhavener Häfen liegt an der Mündung der Geeste. Doch mit dem Neubau des sogenannten Alten Hafens, durch J.J. van Ronzelen, hatte die Hansestadt Bremen zwischen 1827-1830 den ersten tidefreien Hafen der Weser geschaffen.

Um den auch nachts immer häufiger fahrenden Schiffen die Ansteuerung zu erleichtern, leuchtete am Geeste-Nordufer ab 1857 ein Feuer vom Kopf eines Holzsteges. Um 1860 entstanden dann im Zufahrtsbereich zum Alten Hafen und zur Geeste feste Molen. Außer einer Rettungsstation der gerade gegründeten Deutschen Gesellschaft zur Rettung Schiffbrüchiger entstand auch ein neuer über sieben Meter hoher, gelber, quadratischer Leuchtturm am Kopf der Mole, der ein rotes Festfeuer zeigte. Ihm gegenüber, auf der Südmole, stand seit 1869 ein etwa neun Meter hohes, pyramidenförmiges eisernes Gerüst mit einer Galerie auf halber Höhe und einem grünen Licht. Es war der Vorgänger des heutigen, 1924 gebauten Molenfeuers.

Nach der 1912 erfolgten Verlängerung der Molen, entstand 1914 auf der nördlichen der jetzige Leuchtturm. Der dreistöckige Ziegelbau mit rotem Licht und Laternendach zog durch seine imposante Erscheinung manche Schiffe an. Als Folge mußte der Molenkopf dann häufig eingerüstet und der Schaden der Kollision ausgebessert werden.

Auriga
Sirius

Brinkamahof

Unterfeuer

Position 53° 35'N 8° 32'E

In Betrieb von 1912-1980
Bauwerkhöhe: 26m
Feuerhöhe: 20m
Tragweite: weiß 17sm

Dicht am Fahrwasser der Weser bei der Ortschaft Weddewarden liegen die Reste des alten Forts Brinkamahof. Bei Errichtung dieser Anlage, zu Beginn der 1870er Jahre, nutzten die Erbauer den Fluß als Transportweg für die benötigten Materialien und entluden die ankommenden Schiffe an zwei Landungsbrücken, die nachts weiße Festfeuer kennzeichneten.

Erst 1911 erschütterten Rammen den Grund des Weserufers südlich des Forts, als diese die Pfähle für das Fundament eines neuen Leuchtturmes in den Wattboden trieben. Auf den durch eine Stahlspundwand gesicherten Gründungspfählen ruhte ein mehr als sechs Meter hoher Betonsockel, der außen mit Ziegeln verblendet wurde. Faschinen sicherten den Unterbau gegen Auskolkung durch die Strömung. Nach den Gründungsarbeiten konnte der Leuchtturm auf dem massiven Sockel montiert werden. Vier eiserne Ringe mußten aufeinandergesetzt und zusammengeschraubt werden. Der unterste Ring trug durch seinen größeren Durchmesser einen Umlauf sowie die drei oberen, schmaleren Elemente. Auf diesem Turmschaft stand die mit einem kupfernen Dach abgedeckte Laterne.

Zum ersten Mal zeigte der Leuchtturm Brinkamahof im Mai 1912 seine Leit- und Quermarkenfeuer, zum letzten Mal 1980 unter dem Namen Weddewarden Unterfeuer. Das neue Container-Terminal forderte mehr Platz, und der Turm mußte weichen. Üblicherweise hätte jetzt ein Schneidbrenner in Aktion treten müssen, nur die Zeiten hatten sich geändert - der Turm wurde verschenkt. Der neue Besitzer mußte 1981 allerdings für den nicht ganz billigen Abtransport sorgen.

Es folgte ein stolzer Abgang. Losgelöst von seinem Sockel, schwebte der 20-Meter-Turm in den Drahtseilen eines Schwimmkranes erhobenen Hauptes flußaufwärts über die Weser seinem neuen Standort entgegen: der Nordsee-Marina im Fischereihafen. Dort leuchtet nach innen die Barlampe des Sailors Pub.

Harriersand UF

Unterfeuer

Position 53° 19'N 8° 30'E

In Betrieb seit 1898
Bauwerkhöhe: 12m
Feuerhöhe: 11m
Tragweite: 11sm
Optik:
Scheinwerferlinse
Fernsteuerung seit 1979

Großerpater OF

Oberfeuer

Position 53° 19'N 8° 30'E

In Betrieb seit 1897
Bauwerkhöhe: 36m
Feuerhöhe: 34m
Tragweite: 22sm
Optik:
Doppelscheinwerferlinsen
Fernsteuerung seit 1979

Das Projekt "Weserkorrektion" sollte Schiffen die Nachtfahrt auf der Unterweser zur Hansestadt Bremen ermöglichen. Den Auftrag zur Durchführung erhielt der bedeutende Wasserbauer Ludwig Franzius. Die von ihm in den Jahren 1887 bis 1895 eingeleiteten Maßnahmen umfaßten aber nicht nur die Stromregulierung, sondern auch die Einrichtung von beleuchteten Navigationshilfen.

Zwar werden schon in dem Leuchtfeuerverzeichnis von 1893 die ersten Richtfeuer zwischen Bremerhaven und Bremen aufgeführt. Ob es sich bei diesen um Vorgänger oder um eine Ankündigung handelt, ist nicht mit Sicherheit festzustellen. Sicher ist, daß die hier beschriebenen Türme in den Jahren 1897 und 1898 ihre Tätigkeit aufnahmen.

Typische Merkmale kennzeichnen sie als Serienbauten: dreiseitige Gitterkonstruktion, zentraler viereckiger Aufgang, rundes Wärterhaus und das Lampenhaus mit umlaufender Galerie. Die einzigen äußeren Unterschiede ergeben sich aus dem Verwendungszweck: die weiß gestrichenen Unterfeuer sind zwangsläufig kleiner als die meist in roter Farbe gehaltenen Oberfeuer. Die im Laternenhaus eingebaute ursprüngliche Optik ist mittlerweile nur noch auf den Harriersand-Türmen vorhanden.

Nur wenige dieser alten Leuchttürme stehen noch heute: von den Richtfeuern Großerpater (kleines Bild) und Harriersand (großes Bild) beide Türme und von Großensiel und Hohenzollern nur die Unterfeuer. Seit 1981 außer Betrieb existieren noch die Türme der Richtfeuerlinie Sandstedt: das Oberfeuer an seinem alten Platz bei Sandstedt, das Unterfeuer vor dem Deutschen Schiffahrtsmuseum in Bremerhaven.

Bremen Überseehafen-Süd

Molenfeuer

Position 53° 06'N 8° 45'E

In Betrieb seit 1906
Bauwerkhöhe 12m
Feuerhöhe 14m
Tragweite grün 9sm
Optik: Gürtellinse
Fernsteuerung

An dem letzten für Seeschiffe befahrbaren Teil der Weser liegt der Überseehafen der Hansestadt Bremen. Die Einfahrt zu diesem Freihafen markiert das auf der Südmole stehende Feuer.

Aus Granitquadern wurde der stabile, gedrungene Turm mit Erker und zwei Galerien 1906 erbaut. Ältere Akten oder Unterlagen über ihn und auch das Wasserstandsignal neben ihm sind heute allerdings nicht mehr vorhanden, so daß aus seiner Vergangenheit wenig überliefert ist. Bis in die 1960er Jahre war der kleine Leuchtturm, der der Stadt Bremen gehört und von ihr betrieben wird, ständig besetzt. Nach dem Anschluß an die Fernsteuerung verließ das Personal den Turm.

(Erläuterung zum Wasserstandsignal: Die Wasserstände der Weser werden im schwarzen Bereich über, im roten Bereich unter Kartennull angezeigt)

Minsener Oog Buhne A

Quermarken- und Orientierungsfeuer

Position 53° 47'N 8° 00'E

In Betrieb seit 1939
Bauwerkhöhe: 17m
Feuerhöhe: 16m
Tragweiten: weiß 14sm · rot 11sm · grün 10sm
Optik: Gürtellinse
Fernsteuerung seit 1976

Was das Meer nimmt, gibt es auch wieder – besonders dann, wenn der Mensch etwas nachhilft. Ein Beispiel dafür ist die Insel Minsener Oog. Im 19. Jahrhundert war diese Aufspülung von Nordseesand noch eine Untiefe im Mündungsgebiet von Jade und Weser. Durch geschicktes Anlegen von Buhnen gelang es, die Sandwanderung aus dem Bereich der Watten zu stoppen und die Entstehung der Insel einzuleiten.

Um die Schiffahrt sicher in die Jade zu leiten und sie auch vor diesem Flach zu warnen, lag seit 1871 das Feuerschiff *Außenjade*, gut 1,5sm nordwestlich des heutigen Leuchtturmes Minsener Oog, aus. Diese Position hielten die Feuerschiffe bis 1945.

1939 wurde am äußersten nördlichen Ende der mit dem Namen "A" bezeichneten Buhne ein stählerner Senkkasten abgesetzt. Trotz seiner 8m Tiefe unterspülte die Kraft des vorbeiströmenden Wasser das Fundament aber so stark, das er sich zum Fahrwasser hin neigte. Diese Lage hat er bis heute beibehalten. Auf dieser schiefen Ebene entstand, nachdem noch eine 1m starke Betondecke gegossen worden war, der Leuchtturm in Stahlskelettbauweise mit Klinkerverblendung. Um seine Standfestigkeit in diesem außergewöhnlichen Standort zu erhöhen, ummantelte man 1960 den unteren Teil mit Stahlbeton.

Sein Feuer, ursprünglich ein Propangas-Glühlicht und noch im Jahr seiner Erbauung durch elektrisches Licht ersetzt, leuchtet aber nicht nur für die Supertanker, die Wilhelmshaven anlaufen, sondern auch für die kleineren "Schlickrutscher", die unter den Inseln die Watten befahren.

Minsener Oog Buhne C

Quermarken- und Orientierungsfeuer

Position 53° 45'N   8° 01'E

In Betrieb seit 1976
Bauwerkhöhe: 53m
Feuerhöhe: 25m
Tragweiten: weiß 13sm · rot 10sm · grün 9sm
Optik: Gürtellinse
Fernsteuerung seit 1976

Die Kirche von Minsen, einem kleinen Ort an der Küste des Jeverlandes, war als frühestes Seezeichen in dieser Gegend bekannt und schon in der etwas älteren Segelhandbuch-Ausgabe von 1585 erwähnt. Da der Schiffsverkehr auf der Jade nicht die Ausmaße wie auf Weser, Elbe oder Ems erreichte, erscheint auch erst 1865 die erste Bake auf dem Minsener Oldeoog-Sand. Sie mußte 1898 einer hölzernen Rettungsbake weichen, die nachträglich mit einem Notfeuer ausgerüstet wurde. Ihr Standort befand sich in der Nähe des Kopfes der Buhne "C".

Bei dieser Buhne entstand 1939 bis 1940 ein Maschinenhaus, dessen Maschinen die Wohn-Baracken für Buhnenwärter und Baupersonal des Leuchtturms Mellumplate sowie den Leuchtturm Buhne "A" mit Elektrizität versorgte. Die unteren drei Stockwerke des Hauses, aus Stahlbeton gegossen und mit Natur- und Klinkerstein verblendet, dienten als Lager für Trinkwasserbehälter, Akkumulatoren, Kohlen und Kühlwasser. Das daraufgesetzte, obere Stockwerk, ganz aus Klinkerstein gemauert, enthielt die Maschinen.

Nach entsprechender Verstärkung setzte man dem Gebäude 1954 als Leuchtbake eine pyramidenförmige Gitterkonstruktion auf, löschte die alte Rettungsbake von 1898 und riß sie ab.

Aber auch der neue Feuerträger war nicht von Dauer, denn schon 1976 löste ihn der neue Radarturm ab, von gleichem Aussehen wie der Radarturm Hooksielplate.

Mellumplate

Leit-, Quermarken- und Orientierungsfeuer

Position 53° 46'N 8° 06'E

In Betrieb seit 24.12.1942
Bauwerkhöhe: 32m
Feuerhöhe: 28m
Tragweite: 24sm
Optik: Präzisionssektorfeuer
Fernsteuerung seit 1973

Ein Nachlaß des Zweiten Weltkrieges ist dieser Leuchtturm. Dabei reicht die Geschichte der Seezeichen der Mellumplate bis in das Jahr 1410 zurück, als hier die Stadt Bremen die erste Kape im Bereich der deutschen Nordsee errichtete. Etwas südlich des heutigen Turmes lag ab 1876 das Feuerschiff *Minsener-Sand* vor Anker, das 1940 seine Position verließ. Im März des gleichen Jahres war die Planung für den Turm abgeschlossen und an Land begannen die Bauarbeiten zur Herstellung eines Caissons, das drei Schlepper nach Fertigstellung zu seinem Standort brachten. Mit der Kraft ihrer Muskeln und unter hohem Luftdruck schaufelten die Arbeiter den Boden unter dem Kasten weg, als dieser sich nach ein paar Stunden zur Seite neigte und Wasser in die Druckkammer stürzte. Nur mit knapper Not erreichten sie den Ausstieg und konnten sich retten. Aber noch im gleichen Jahr konnte das Absenken des Caissons erfolgreich beendet werden. Das nach der Winterpause montierte Stahlskelett bildete das Gerüst für den Turm. Nach der Installation der technischen Einrichtungen im Sommer 1942 war der Leuchtturm zu Weihnachten einsatzbereit. Mit den beginnenden Angriffen der alliierten Bomberflotten auf Deutschland nutzte die Wehrmacht den unteren Umgang als Stand für Flugabwehrkanonen. Ein Suchscheinwerfer stand auf einem Gerüst über dem Laternenhaus. Nach Kriegsende erfolgte dann die "Entmilitarisierung" des Turmes. Die stabile Konstruktion des alten Laternenhauses diente nun als Untersatz für eine neue Leuchte.Seine vorteilhafte Position als Leuchtturm erwies sich für die Substanz des quadratischen oberen Turmteiles als nachteilig. Der jahrelange Angriff des Nordseewassers durchfeuchtete das Mauerwerk. Um diese dauernde Feuchtigkeit abzuhalten, erhielt es 1968 eine Abdeckung aus Aluminium-Profilplatten. Mit der später aufgesetzten Helikopter-Landeplattform bekam er dann sein charakteristisches Aussehen. 1973 erhielt Mellumplate als erstes deutsches Leuchtfeuer ein Präzisionssektorfeuer. Wegen der gleichzeitigen Umstellung auf Fernsteuerung verließen die Wärter den Turm.

Schillig

Quermarkenfeuer

Position 53° 42'N 8° 02'E

In Betrieb seit 1961
Bauwerkhöhe: 16m
Feuerhöhe: 15m
Tragweiten:
weiß 15sm · rot 12sm
Optik: Gürtellinse

Voslapp OF

Richt- und Quermarkenfeuer

Position 53° 35'N 8° 08'E

In Betrieb seit 1961
Bauwerkhöhe: 61m
Feuerhöhe: 60m
Tragweite: weiß 27sm
Optik: Scheinwerferlinse
Gürtellinse

Tossens OF

Richtfeuer

Position 53° 33'N 8° 14'E

In Betrieb seit 1987
Bauwerkhöhe: 53m
Feuerhöhe: 53m
Tragweite: weiß 24sm
Optik: Scheinwerferlinse

Eckwarden OF

Richtfeuer

Position 53° 31'N 8° 14'E

In Betrieb seit 1962
Bauwerkhöhe: 37m
Feuerhöhe: 41m
Tragweite: weiß 21sm
Optik: Scheinwerferlinse

Richtfeuer sind als Navigationsprinzip keine Erfindung unserer Zeit. Der Grundsatz, daß zwei Objekte, die in Deckpeilung (deckungsgleich) sind, eine Standlinie ergeben, ist sowohl bei natürlichen wie auch bei künstlichen Seezeichen zu finden. Die Stellung der Zeichen zueinander ermöglicht den Seeleuten einen genauen Kurs einzuhalten, wenn sie direkt auf diese zuhalten oder wegfahren. Ihre Anwesenheit weist oft auf ein engeres Fahrwasser hin.

Die Jade ist normalerweise nicht unbedingt als schmales Gewässer zu betrachten. Bewegt sich hier jedoch einer der voll beladenen Supertanker in Richtung Wilhelmshaven, zur einzigen Tiefwasser-Ölpier Deutschlands, wird es eng. Das bis zu 20m Solltiefe gebaggerte, 300m breite Fahrwasser erfordert genaueste Navigation. Diese Forderung wird erfüllt durch die Ober- und Unterfeuer der Richtfeuerlinien, die Quermarkenfeuer und natürlich auch durch ein Netz von Radarstationen.

Die Feuer an den Ufern der Jade sind ursprünglich nicht in ihrer heuti-

gen Funktion geplant gewesen und einige schon wieder abgerissen. Von 1877 an stand beispielsweise auf Schillighörn ein Leuchtturm, den 1925 ein Richtfeuer ersetzte. Da sich das Fahrwasser verlagert hatte, mußte es 1961 gelöscht werden und eine neue Richtfeuerlinie trat an seine Stelle. Inzwischen ist aber auch diese außer Betrieb, und nur das ehemalige Unterfeuer zeigt noch ein Quermarkenfeuer.

Arngast

Leit- und Quermarkenfeuer

Position 53° 29'N 8° 11'E

In Betrieb seit 1.10.1910
Bauwerkhöhe: 37m
Feuerhöhe: 30m
Tragweiten: weiß 21sm · rot 16sm · grün 17sm
Optik: Gürtellinse
Fernsteuerung seit 1968

Jahrhunderte hat es gedauert, aber Stück für Stück hat das Meer sich das Land erobert, das heute der Jadebusen ist. Mal in kleinen Happen, dann wieder mit großen Bissen: 1164 bei der Julianenflut, 1334 zur Clemensflut und 1362 überschwemmte die Marcellusflut, genannt die "Große Manntränke", das Gebiet. Die große Antoniflut vom 17. Januar 1511 setzte ein Gebiet größer als den heutigen Jadebusen unter Wasser. Nicht überspült wurden dabei hochliegende Teile eines Geestrückens, auf dem auch das heutige Nordseebad Dangast liegt, mit der kleinen Insel Arngast.

Am Eingang des Meerbusens wuchs am Ende des 19. Jahrhunderts des Kaiserreiches wichtigster Flottenstützpunkt an der Nordsee heran: Wilhelmshaven. Der Weg zum Meer mußte jetzt beleuchtet werden. Der erste Lichtstrahl eines Feuers kam 1877 aus der Tiefe des Jadebusens – vom Leuchtturm Varelersiel. Dreißig Meter war er hoch, ein runder, roter Eisenturm, mit einem Festfeuer im Leitsektor und unterschiedlichen Blitzfeuern in den angrenzenden Warnsektoren.

Erst 1909 begannen die Bauarbeiten für den Leuchtturm Arngast, jedoch jetzt im Watt, denn die Insel Arngast war mittlerweile durch Sturmfluten fortgespült worden. 112 Holzpfähle, später zum Schutz gegen Bohrwürmer auf 1m Länge mit Tonrohren ummantelt, rammte man in den Boden. Darauf wurde ein mit Beton gefüllter Stahlchaisson gesetzt, der den gemauerten Turmsockel trug. Der Leuchtturm selbst war eine aus Gußeisenplatten vorgefertigte Konstruktion. Als Leitfeuer leuchtete er für das Fahrwasser der Jade (mit elektrischer Bogenlampe) und als Nebenfeuer für das Vareler Fahrwasser (mit 100 Watt Glühlampe). Von Dieselmotoren angetriebene Gleichstromgeneratoren erzeugten, bis zum Anschluß an das öffentliche Netz 1966, den Betriebsstrom und 1968, nach dem Anschluß an die Zentrale Wilhelmshaven, verließen die Leuchtturmwärter ihren Posten

Wangerooge – Alter Turm

Seefeuer

Position 53° 47'N 7° 54'E

In Betrieb von 1856-1969
Bauwerkhöhe: 39m
Feuerhöhe: 35m

Der sogenannte Alte Leuchtturm ist das vorletzte in einer langen Reihe von Feuern auf der von Wind und Wellen arg gebeutelten Insel. Durch ständige Verlagerungen der Landmasse wanderte die Insel immer weiter nach Süd-Osten. Zurück in den Fluten blieben Dörfer, Kirchen und natürlich die Leuchttürme.

Das älteste nachweisbare Leuchtfeuer an der deutschen Nordseeküste wurde 1624 in dem "Westturm" genannten Wehrturm gezündet – mit einer Frau als Leuchtturmwärterin (Der Nachbau des Westturmes von 1934, nahe dem modernen Seefeuer, dient heute als Jugendherberge, großes Bild). Da sein Licht zu schwach war, brannte seit 1631 neben dem Turm eine Kohlenblüse auf einem Holzgerüst, das um 1687 durch einen Steinturm ersetzt wurde, der wiederum 1705 ausbrannte. Den nachfolgenden Feuerträger, ein ähnlicher Steinturm, zerstörte die schwere Sturmflut vom Februar 1825. Den ab 1825 betriebenen zwei Provisorien, zunächst einem Holzmast mit Öllaterne und später einer Kohlenblüse (der letzten an der deutschen Nordseeküste), folgte 1830 der erste "richtige" Leuchtturm. Doch auch dieses 36m hohe Bauwerk stürzte, durch die Sturmfluten der Jahre 1854-55 ein Opfer der See, vier Jahre später (1859) ein.

Als achter in dieser langen Reihe von Türmen war schon 1856 der heute sogenannte Alte Leuchtturm (kleines Bild) errichtet worden. Am 15. Oktober zeigte er zum ersten Mal den, hauptsächlich in die Jade, einfahrenden Schiffen seine Kennung. Bis zum Dezember 1969 sollte das mit einigen Unterbrechungen so bleiben. In seinen über einhundert Dienstjahren erfuhr er viele Änderungen, die vom Austausch der Optiken über die Anpassung der Lichtquellen bis hin zur Turmerhöhung 1927 reichten. In seinem "Ruhestand" dient er jetzt als Aussichtsturm und Inselmuseum.

Wangerooge

Seefeuer

Position 53° 47'N 7° 52'E

In Betrieb seit 1969
Bauwerkhöhe: 64m
Feuerhöhe: 60m
Tragweite: rot 23sm
Optik: Linsenleuchte
Fernsteuerung

Das Seefeuer ist der jüngste und auch höchste Leuchtturm auf Wangerooge. Ein Bauwerk aus Stahlbeton im Stil seiner Zeit: zweckmäßig, ferngesteuert und voller neuer Technik. Welch ein Gegensatz zu dem wenig kleineren Nachbau des Westturmes ganz in seiner Nähe.

Aus dem auskragenden Geschoß im unteren Turmteil werden ein Leit- und ein Nebenfeuer ausgesandt. Das Leitfeuer ist für die Einfahrt zum Fahrwasser der Jade bestimmt, über die häufig die Supertanker Wilhelmshaven anlaufen. Das Nebenfeuer geleitet als Warn- und Orientierungsfeuer den Verkehr westlich und südlich der Insel im Wattengebiet. Das Hauptfeuer (Seefeuer) in 60m Höhe ist wie das Feuer Helgoland ein Blitz von 1/10sek. Nur, dieses ist ein rotes Licht mit einer Tragweite von fast 43km.

Einmalig an diesem Bau dürfte aber die an seiner westlichen Seite angebrachte Keramikarbeit sein: es ist die Nachbildung einer Seekarte des ostfriesischen Insel- und Seegebietes mit den dazugehörenden Leuchtfeuern (kleines Bild).

Norderney

Seefeuer

Position 53° 43'N 7° 14'E

In Betrieb seit 1.10.1874
Bauwerkhöhe: 54m
Feuerhöhe: 59m
Tragweite: weiß 23sm
Optik: Drehlinsen
Fernsteuerung seit 1981

Bei Betrachtung einer Seekarte aus der Zeit vor dem Bau dieses Turmes kann man feststellen, daß nur an den äußeren Enden der ostfriesischen Inselkette Leuchtfeuer installiert waren. Zwischen den Feuern Borkum und Wangerooge klaffte eine über 85km große Lücke ohne Lichtsignal, für viele Schiffe und ihre Besatzungen oft eine tödliche Falle. Die Initiative der Bremer Kaufmannschaft gab den Anstoß zum Bau des achteckigen Leuchtturmes. Der in den Jahren 1872 bis 1874 erbaute Ziegelturm erhielt als Leuchteneinrichtung eine Drehlinse mit 24 Linsenfeldern; ein Kunstwerk des französischen Lieferanten und eine Reparationsleistung des französischen Staates. Sie ist noch heute in Betrieb.

Am 1. Oktober 1874 zeigte der Leuchtturm Norderney zum ersten Mal sein Licht, erzeugt von einer fünfdochtigen Petroleumlampe, die später durch ein Petroleum-Glühlicht ersetzt und erst 1920 elektrifiziert wurde.

Obwohl die Bauarbeiten 1872 begannen, kündigten die "Bekanntmachungen für Seefahrer" erst am 4. August 1872 die Indienststellung des Feuers an. Die verspäteten Informationen über den Leuchtturm als Nacht- und als Tagessichtzeichen irritierten die Schiffahrt. Noch 1878 strandete während eines Sturmes ein englisches Schiff, auf der Fahrt von Südamerika nach Hamburg, vor der Insel Juist. Der Kapitän nahm irrtümlich an, das Helgoländer Feuer zu sehen. Die persönliche Tragödie des Kapitäns steigerte das Unglück zu einem Drama. Seine ganze Familie ertrank bei dem Versuch seines ältesten Sohnes, die Mutter und zwei Geschwister zu retten. Der Kapitän und die Mannschaft konnten nur ohnmächtig zusehen und überlebten den Schiffbruch.

Über 100 Jahre stand das Bauwerk, Wind und Regen, Hitze und Kälte nagten an dem Ziegelbau und hinterließen ihre Spuren. Seit seiner Restaurierung 1975 steht der Turm wieder in alter Schönheit in den Dünen und lädt die Besucher ein, seine 253 Stufen zu erklimmen.

Borkum – Alter Turm

Seefeuer

Position 53° 35'N 6° 40'E

In Betrieb von 1817-1879
Bauwerkhöhe: 45m
Feuerhöhe: 41m
Tragweite: 13sm

Die Stadt Emden errichtete 1576 den alten Turm. Damit hatten die Schiffsbesatzungen zur Ansteuerung der Ems ein besseres Seezeichen zur Verfügung, als den alten, kleinen Kirchturm. Er mußte dem Neubau weichen und wurde abgerissen. Bis 1817 diente der Turm nur als Tagessichtzeichen. Aber bereits von 1780–1817 gab eine Feuerbake der nächtlichen Schiffahrt Orientierungshilfe, nur unterbrochen in den Jahren 1807–1814, während der Kontinentalsperre gegen England.

Die Stadt Emden beauftragte den Hamburger Konstrukteur Repsold, der schon die Leuchttürme von Cuxhaven und Neuwerk ausgerüstet hatte, für das neu einzurichtende Feuer Borkum ein Lampenhaus mit Leuchteneinrichtung zu liefern. Die neue Leuchte, ein 18-eckiges Rahmengestell mit 27 in Doppelreihe versetzt angebrachten Argandschen Lampen, erreichte eine Sichtweite von 6sm.

Vierzig Jahre, von 1817 bis 1857, brannte das Feuer mit dieser Ausrüstung. Das Leuchtfeuer mußte dann der technischen Entwicklung angepaßt werden. Als Lichtquelle kam jetzt eine 3-dochtige Öllampe zum Einsatz, deren Licht eine Fresnelsche Gürtellinse bündelte und jetzt eine Reichweite von 18sm hatte. Drei Leuchtturmwärter bedienten damals das Feuer. Die wachhabenden Wärter hielten sich dazu im obersten Stockwerk des Turmes unterhalb der Laterne auf.

Am 14. Februar 1879 fegte ein eisiger Nordoststurm über die Nordsee. Gegen 17.00 Uhr hatten die Wärter das Licht des Leuchtturmes gezündet. Die diensttuenden Wärter hatten wegen der klirrenden Kälte den Torfofen des Aufenthaltsraumes angesteckt. Durch das verrostete Abzugsrohr des Ofens flogen glühende Torffunken in das alte Gebälk des Turmes und setzten es in Brand. Um 18.30 Uhr war aus dem Leuchtturm ein Feuerturm geworden, der nach einiger Zeit vollkommen ausgebrannt war.

Zum
Fäßchen

Borkum – Großer Leuchtturm

Seefeuer

Position 53° 35'N 6° 40'E

In Betrieb seit 15.11.1879
Bauwerkhöhe: 60m
Feuerhöhe: 63m
Tragweite: weiß 24sm
Optik: Gürtellinse
Fernsteuerung seit 1978

Geplant war ein neuer größerer Leuchtturm schon seit geraumer Zeit. Durch den Brand des Alten Turmes mußte der Bau jetzt vorzeitig angegangen werden. Da bis zur Fertigstellung auf Borkum ein Licht gezeigt werden sollte, richtete man kurzerhand ein Ersatzfeuer mit den Laternen eines Reservefeuerschiffes ein.

Nachdem durch den Bau einer Pferdebahn, der heutigen Inselbahn, das Transportproblem für die Baumaterialien gelöst war, erfolgte am 1.Mai 1879 die Grundsteinlegung für den Turm. Bereits am 20.September konnte das Richtfest gefeiert werden, und am 1.11.1879 hatten die Erbauer den Turm fertiggestellt und dabei über 1,5 Millionen Ziegel aufeinandergetürmt. Als dann am 15. November das Licht des neuen Feuers aufleuchtete, türmten sich auch die Kosten von 263.203,26 Reichsmark - an denen sich die Niederländer allerdings vertragsgemäß zu ca. $^{1}/_{3}$ beteiligten.

Die Ausrüstung des Leuchteneinrichtung bestand aus einem 5-dochtigen Petroleumbrenner und einer, in Frankreich hergestellten, riesigen 3m hohen Optik. Der durch sie verstärkte Lichtkegel erreichte eine Tragweite von 21sm. Zusätzlich zeigte der Turm ab 1891 noch, je nach Bedarf, Quermarken- oder Leitfeuer für die Westerems aus dem sogenannten "Blumenfenster", das auf halber Höhe angebracht war.

Wie die meisten Leuchtfeuer machte auch das Borkumer fast alle Phasen der technischen Entwicklung durch. Die große Optik dreht sich heute, mit einigen Veränderungen, um eine 1.500 Watt Glühlampe. Das sogenannte "Blumenfenster" konnte nur von 1982 – 1989 theoretisch für Blumen als Standort genutzt werden – wegen Verlagerung des Fahrwassers erlosch es in dieser Zeit.

Borkum – Kleiner Leuchtturm

Leitfeuer

Position 53° 35'N 6° 40'E

In Betrieb seit 1891
Bauwerkhöhe: 27m
Feuerhöhe: 32m
Tragweite: weiß 30sm
Optik: Gürtellinse
Fernsteuerung seit 1978

Zusammen mit den Niederlanden plante Deutschland 1883 die "Beleuchtung der Unterems", und hierzu sollten acht neue Leuchtfeuer erbaut werden, auf deutscher Seite zwei Feuer auf der Randzelplate, sowie Pilsum, Campen – und der Kleine Leuchtturm Borkum.

Nach vier Jahren Vorbereitung begannen 1887 die Arbeiten. Auf einem 2,5m starkem Betonsockel schraubten die Monteure den 16-eckigen Turm aus vorgefertigten Gußeisenplatten zusammen. Schon bei der Planung stand fest, daß er elektrisch betrieben werden sollte, was ihm seinem Spitznamen "Elektrischer Leuchtturm" einbrachte. Die Leuchte bestand aus einem 1,2m hohen "Fresnelschen Festfeuerapparat 2. Ordnung" mit einer Wechselstrombogenlampe als Lichtquelle.

Während das Licht des Großen Leuchtturms Borkum in allen Richtungen sichtbar war, leuchtete das des Kleinen Leuchtturms nur in bestimmten Sektoren. Als Leitfeuer mit 16sm Tragweite zeigte es sich nur den ein- und ausfahrenden Schiffen in den Fahrwassern der Westerems und denen des etwas südlicheren Hubertgats. Diese Aufgabe sollte aber nicht die einzige bleiben. Im Jahre 1900 nahm die Deutsche Reichs-Post-und Telegraphenverwaltung im Kleinen Turm die erste amtliche Küstenfunkstelle der Welt in Betrieb.

Mit der Montage einer Radarantenne erhielt 1966 der Turmkopf eine neue Silhouette. Die letzte Veränderung erfolgte 1983 durch den Einbau eines Präzisionssektorfeuers. Neben dem Leuchtfeuer Campen, das die gleiche Einrichtung trägt, ist es, jetzt mit 30sm Tragweite, das stärkste Feuer an deutschen Küsten.

Fischerbalje

Leitfeuer, Quermarkenfeuer

Position 53° 33'N 6° 43'E

In Betrieb seit 1960
Bauwerkhöhe: 16m
Feuerhöhe: 15m
Tragweiten: weiß 16sm · rot 12sm · grün 11sm
Optik: Gürtellinse
Fernsteuerung seit 1960

Das Leuchtfeuer Fischerbalje bezieht seinen Namen von dem Fahrwasser, daß den Hafen von Borkum mit der Ems verbindet. Aufgestellt wurde der Turm auf dem äußeren Ende des 1922 bis 1928 errichteten und 1938/39 verlängerten Leitdammes.

1960 ersetzte es das seit 1888 existierende, etwa einen km östlich stehende Feuer "Außenrandzel", von dem auch die alte Optik stammt. Die übrigen Teile sind aus neuen modernen Materialien: die Standbeine aus 20m langen Stahlrohren, der Turm aus Stahlbeton-Fertigteilen und das Lampenhaus aus Aluminium. Im Gegensatz zum gasbetriebenen alten Feuer, wird die Lichtquelle des Feuers Fischerbalje durch elektrischen Strom von der Insel versorgt.

Seinem schlichten Äußeren sieht man aber die Vielfalt seiner Aufgaben nicht an. Es ist Quermarkenfeuer und zweifaches Leitfeuer für die Fahrwasser Westerems und Hubertgat, deren rote Sektoren vor den Sänden der Ems-Mündung warnen.

Binnen-Randzel

Quermarkenfeuer

Position 53° 30'N 6° 50'E

In Betrieb seit 1888
Bauwerkhöhe: 14m
Feuerhöhe: 14m
Tragweiten: weiß 7sm · rot 5sm · grün 4sm
Optik: Gürtellinse
Betrieb: Automatik

Den Namen erhielt dieses Feuer nach seiner landwärtigen Position auf dem als "Randzel" genannten Wattengebiet, das südöstlich von Borkum liegt. Als es 1888, zusammen mit dem Feuer Außen-Randzel, zum Probebetrieb gezündet wurde, sicherten beide als erste von mehreren Feuern den Schiffahrtsweg auf der Unterems. Zu jener Zeit verlief zwar der Hauptstrom in der Emshörnrinne, aber wie damals markieren seine farbigen Sektoren die Bereiche, in denen ein Kurswechsel stattfinden muß, um im Hauptfahrwasser zu bleiben.

Die beiden Randzel-Feuer waren ursprünglich von gleicher Bauart: eine Stahlkonstruktion trug den Gasbehälter mit einer aufgesetzten Seelaterne. 1929 erhielt dann das Feuer Außen-Randzel ein Laternenhaus und eine größere Optik. Nach der Löschung des Feuers 1960, setzte man die Optik dem Feuer Fischerbalje auf.

Seine letzte Änderung erhielt das Feuer Binnen-Randzel 1986 mit der Umstellung auf elektrischen Strom - erzeugt durch einen Windgenerator.

Pilsum

Leitfeuer

Position 53° 30'N   7° 03'E

In Betrieb von 1891-1915
Bauwerkhöhe: 11m
Feuerhöhe: 15m
Tragweite: weiß 12sm

Als seine Erbauer den zusammengenieteten Turm 1888-89 aufstellten, ahnten sie nicht, wie schnell sein Licht wieder verlöschen würde. Für dieses Licht sorgte anfangs eine Petroleumdochtlampe, 1903/1904 gegen ein Petroleum-Glühlicht ausgetauscht, und eine 1,6m hohe Optik.

Das Leitfeuer führte die Schiffe ab dem Quermarkenfeuer Binnen-Randzel südlich der Randzelplate in das alte Fahrwasser Emshörnrinne. Bis 1915 gab der Leuchtturm der Schiffahrt Hilfestellung, dann mußte er wegen des Krieges vorübergehend gelöscht werden. Als dieser beendet war, gab es einen weiteren Hinderungsgrund sein Licht zu zeigen: Das Fahrwasser hatte sich verändert. Damit kam das endgültige Aus seiner kurzen Laufbahn.

Lange stand er vergessen am Rande des Pilsumer Watts. Sein einst roter Anstrich wich einem rostfarbenen, als man sich in den 1970er Jahren seiner erinnerte und ihn vor dem vollständigen Verfall rettete. Wie ein bunter Paradiesvogel steht er heute mit seinen gelben und roten Streifen in der grünen Marsch und zieht die Aufmerksamkeit von Menschen und Kameras auf sich.

Campen

Leitfeuer

Position 53° 24'N   7° 01'E

In Betrieb seit 1891
Bauwerkhöhe: 65m
Feuerhöhe: 62m
Tragweite: weiß 30sm
Optik: Präzisionssektorenfeuer
Fernsteuerung seit 1976

Beeindruckend ist vieles am Leuchtturm Campen. Der höchste Leuchtturm an der Westküste entstand 1889/90 in einer Bauzeit von nur 5 Monaten (An sich ist er auch der höchste deutsche Leuchtturm – seine Konkurrenz in Travemünde hatte nun einmal andere Bestimmung). Zusammen mit dem Kleinen Leuchtturm Borkum war er von Beginn an für elektrischen Betrieb ausgelegt, nur daß sein Licht wesentlich kräftiger ausfiel. 21 Seemeilen betrug die Sichtweite, und das aus gutem Grund.

Schon beim Passieren von Borkumriff geleitete das Feuer die einkommenden Schiffe bis weit in die Mündung der Ems, umgekehrt die auslaufenden Schiffe. Ein zweites Leitfeuer wies den Weg durch das alte Fahrwasser der Emshörnrinne. Diese Leistungen erreichten nur elektrische Bogenlampen als Lichtquelle und die zwei übereinander angebrachten Gürtellinsen (Gesamthöhe 2,5m!), mit den zur Lichtverstärkung vorgesetzten senkrechten Prismen. Den benötigten Wechselstrom erzeugten zu Anfang Dampfmaschinen, die 1906 zwei Dieselmotoren mit Gleichspannungsgeneratoren ersetzten. Das Ergebnis dieser Austauschaktion: höhere Betriebssicherheit des Feuers und Verringerung des Arbeitsaufwandes. 1932 kamen die ersten Glühlampen zum Einsatz und ab 1937 eine neue kleinere Gürtellinse. 1976 erhielt Campen ein Präzisionssektorfeuer und den Anschluß an das öffentliche Stromnetz. Die Tragweite erhöhte sich damit auf 30sm und machte Campen zum stärksten deutschen Feuer - bis 1983 (siehe Kleiner Leuchtturm Borkum).

Die alte technische Einrichtung kam in das Maschinenhaus und ist, wie auch der Turm, unter freundlicher Führung des früheren Leuchtturmwärters zu besichtigen.

Knock

Quermarkenfeuer

Position 53° 20'N 7° 02'E

In Betrieb seit 1970
Bauwerkhöhe: 64m
Feuerhöhe: 29m
Tragweiten: weiß 12sm · rot 9sm · grün 8sm
Optik: Gürtellinse

Wie wichtig der Ort Knock für die Emsschiffahrt ist, wird nicht nur bei der Ansicht der heutigen Revierzentrale deutlich: als zweites Leuchtfeuer an der Ems, und, nach einem Leuchtfeuerverzeichnis von 1859, drittes in Ostfriesland, ist und war Knock ein wichtiger Punkt für den Verkehr an dieser Wasserstraße.

In dem ersten deutschsprachigen Leuchtfeuerverzeichnis von 1859 wird es als festes Leitfeuer mit einer "Höhe über Hochwasser in $30^{1}/_{2}$ rheinl. Füßen" (umgerechnet = 9,57 "franz. Mètres") angegeben. Spätere Ausgaben variieren in diesen und anderen Angaben. Auch in einer Aufstellung der Wasserbauinspektion Emden vom Januar 1870 ist eine "Laterne zu Knock" aufgeführt. Das Verzeichnis von 1872 meldet eine Sichtweite von 8 Seemeilen, das von 1873 beschreibt eine "...Laterne...auf einem hölzernen Gerüste" und einem "Linsen-App. 6.Ordn.".

Nach dem Plan von 1883 (s.Borkum-Kleiner LT) wurde dann 1888 ein roter eiserner Turm hingestellt, etwa fünf Meter hoch, ausgerüstet mit einer Petroleumleuchte 5. Ordnung, deren Sichtweite 10sm betrug. 1924 sorgte eine Gaslampe und erst 1952 eine elektrische Glühlampe für das nötige Licht. Ein ruhiges beschauliches Leuchtturm-Leben, mit den üblichen technischen Änderungen.

1961 kam der Einschnitt durch den Spülfeldbau am Rysumer Nacken und die Versetzung des Turmes um einige hundert Meter nach Westen. Das Ende für den kleinen Leuchtturm kam 1970, als der neue Radar- und Richtfunkturm an seine Stelle trat und das Quermarkenfeuer nun aus der luftigen Höhe von 29m leuchtete.

Emden

Molenfeuer

Position 53° 20'N   7° 11'E

In Betrieb seit 1901
Bauwerkhöhe: 9m
Feuerhöhe: 10m
Tragweite: rot 4sm
Optik: Doppel-Gürtellinse

Dunkel liegt über dem Ursprung dieses Emder Wahrzeichens. Fest steht nur, daß ein Emder Bauunternehmer die Westmole, den Standort des eisernen achteckigen Turmes, erst nach 1899 baute. In amtlichen Unterlagen ist noch 1900 ein provisorisches Licht aufgeführt. Unbestimmbar ist auch die Art der Leuchte, möglicherweise von Beginn an eine elektrische Glühlampe.

Der Mangel an Klarheit über seine "Herkunft" hat dem Turm aber kein Unglück gebracht, denn beide Weltkriege hat er ohne Schaden überstanden. Trotzdem mußte er 1982 gründlich überholt werden. Dabei wurden seine erst 1961 eingesetzte Doppelleuchte und das Laternenhaus ausgetauscht. Die alte Laterne dient heute als Wärterhaus an der "Rote-Siel-Brücke" in Emden.

Im Gegensatz zum Westmolenfeuer haben die Vorgänger des jetzigen Ostmolenfeuers eine, im wahrsten Sinne des Wortes, bewegtere Geschichte und zeitweise auch wichtigere Funktion gehabt: zunächst als Unterfeuer für die Hafenansteuerung, war es nach Verlängerung der Ostmole 1912 nur noch grünes Einfahrtfeuer. Allerdings nahmen es einige Schiffsführer mit der Ansteuerung zu genau: 1954 gerammt und zerstört, fuhr 1956 schon wieder ein Schiff gegen den Turm und 1978, vorerst, zum letzten Mal.

Öffnungszeiten, Eintrittspreise und Schiffsverbindungen

Da die Leuchttürme alle automatisiert sind, können nur die wenigsten von innen besichtigt bzw. bestiegen werden. Für schwer zu erreichende Insel- und See-Leuchttürme sind die Schiffs-Verbindungen bzw. Rundfahrten aufgeführt.

Amrum	8.30 - 12.30	Mo - Fr, April - Oktober
	Eintritt	bis max. 3,-- DM
Arkona (Alter Turm)	10.00 - 18.00	tägl.
	Kinder	1,-- DM
	Erwachsene	3,-- DM
Arngast	per Schiff *MS Etta von Dangast*	
	2 - 3 Stunden vor Hochwasser ab Dangast	
	Auskunft:	A. Tapken, Tel. 04451/7963
	Fahrpreis	10,-- DM
Borkum (Großer Turm)	10.00 - 11.30	nur im Sommer
	15.00 - 16.30	tägl.
	Kinder	--,50 DM
	Erwachsene	1,-- DM
Borkum (Alter Turm)	11.00	Sa. + So.
Campen (Ems)	10.00 - 12.00	So.
	14.00 - 16.00	Di., Mi., Fr., Sa., So.
	Kinder bis 10	1,-- DM
	Kinder über 10	2,-- DM
	Erwachsene	3,-- DM
Darßer Ort	10.00 - 18.00	Mai - Oktober
	per (Miet)Fahrrad ab Prerow, keine Besteigung	
	Kinder	--,50 DM
	Erwachsene	1,-- DM
Greifswalder Oie *mit* **Peenemünde** *und* **Osttief**	per Schiff ab Wolgast 10.00 Di. Mi. Sa. So.	
	Auskunft: "Weiße Flotte" , Tel. 03836/202352	
	Kinder	16,-- DM
	Erwachsene	25,-- DM
	Familien	36,-- DM

Kiel	per Schiff ab Heikendorf-Möltenort Auskunft: Matthiesen, Tel. 0431/241257 Fahrpreis 15,-- DM
Neuwerk	per Schiff ab Cuxhaven Auskunft: Tel. 04721/32211 Fahrpreis 26,-- DM Leuchtturm --,50 DM
Norderney	14.30 - 16.30 Ostern - Mitte Oktober Kinder 1,-- DM Erwachsene 2,-- DM
Oland *oder* **Langeneß**	per Schiff *MS Rungholt* zu wechselnden Zeiten ab Schlüttsiel Auskunft: U. Petersen, Tel. 04674/371 Fahrpreis 14,-- / 17,-- DM
Roter Sand *mit* **Hohe Weg** *mit* **Alte Weser** *und* **Mellumplate**	per Schiff Leuchtturm-Rundtour bei Tages-Hochwasser zu wechselnden Zeiten ab Fedderwarder Siel Auskunft: E. Hüttenmeister, Tel. 04733/513 Kinder 15,-- DM Erwachsene 21,-- DM
Travemünde (Alter Turm)	17.00 nur Mittwoch, Mai - September Führung durch letzten Wärter Herrn Heuer Eintritt 2,-- DM
Wangerooge (Alter Turm)	10.00 - 12.00 tägl. 15.00 - 17.00 Di. geschlossen Kinder 1,50 DM Erwachsene 3,-- DM
Deutsches **Schiffahrtsmuseum** **Bremerhaven**	10.00 - 18.00 tägl. außer montags Kinder 2,50 DM Erwachsene 5,-- DM (Feuerschiff, Kohlenblüse, Optik usw.)

Die genannten Preise
und
Daten stimmten zur Zeit der Drucklegung.

Erläuterung zu Fachausdrücken

Argand, Aimé (1755-1803), schweizer Naturwissenschaftler, erfindet um 1784 die nach ihm benannte Öllampe (Rüböl oder Petroleum) mit rundem Hohldocht und doppeltem Luftzug in aufgesetztem Glaszylinder.

Auer v. Welsbach, Carl (1858-1929), österreichischer Erfinder, entwickelt 1885 das Glühlicht durch einen chemisch behandelten Seidenglühstrumpf, der in einer Gasflamme aufleuchtet; zunächst Petroleumvergasung, später auch andere Gassorten.

Bake, feste Fahrwassermarkierung mit einem Topzeichen (Tagessichtzeichen), auch mit Leuchteneinrichtung als Leuchtbake oder Feuerbake.

Bauwerkhöhe, (an deutschen Küsten) die Höhe des Firstes über dem Erdboden.

Blüse, offenes und ungeschütztes Feuer; Brennstoff: Stroh, Holz, Kohle.

Caisson, unten offener Kasten, wird im Wasser auf den Grund abgesenkt und das Wasser durch Druckluft ausgepreßt.

Drehblendenantrieb, Antrieb der Abblendung des Lichtes zur Erzeugung der -> Kennung

Drehfeuer, drehbare Optik mit Strahlenfeldern zur Erzeugung der -> Kennung

Feuerhöhe an der Nordseeküste über Mittlerem Tidehochwasser (MThw), an der Ostseeküste über Mittlerem Wasserstand (MW).

Fresnel, Augustin Jean (1788-1827), franz. Physiker und Ingenieur, Begründer der modernen physikalischen Optik, erfindet um 1820 die Gürtellinse.

Gründung, Fundamentunterbau (Pfähle, Caisson), schwimmende Gründung: generell für Gründung im Wasser.

Gürtellinse, waagerecht um eine Lichtquelle angeordnete Glasringe mit Prismenquerschnitt, die das Licht in horizontale Richtung brechen oder spiegeln, -> Fresnel, -> Hohe Weg Leuchtturm

Kape, sehr große -> Bake.

Kennung, der Verlauf der Lichterscheinung des Feuers in einem bestimmten, wiederkehrenden Rhythmus, gekennzeichnet durch den Wechsel von weißem und/oder farbigen Lichtschein und Unterbrechung (Pause) des Lichts.

Leitfeuer, Einzelfeuer, das durch Sektoren verschiedener Farbe oder Kennung (Leit- und Warnsektoren) ein Fahrwasser bezeichnen.

Ordnungen, Größe der Optik einer -> Gürtellinse und des Brenners, beginnend mit 1. Ordnung als größter und

6. Ordnung als kleinster Ausführung.

Otterblenden, senkrechte Lamellen vor einer Leuchte, die zur -> Kennung wie Jalousien geöffnet oder geschlossen werden.

Parabolspiegel, vom Brennpunkt ausgehende Lichtstrahlen werden als parallele Strahlen reflektiert, von Lavoisier 1765 für Scheinwerferspiegel entwickelt.

Petroleum-Glühlicht -> Auer

Petroleum-Dochtlampe -> Argand

Präzisionssektorfeuer, Lichtkanone mit hoher Lichtstärke nach Kino-Projektionsverfahren, modernste Entwicklung der -> Leitfeuer

Propangas-Glühlicht -> Auer

Quermarkenfeuer, Sektorenfeuer, das etwa quer zur Fahrtrichtung durch Übergang von einer Farbe oder Kennung in eine andere Kursänderungsbereiche oder auch die Grenzen des nutzbaren Bereichs von Richt- oder Leitfeuern bezeichnen.

Reverbere, Lampe mit Parabolspiegel

Richtfeuer, Feuer, die als Ober- und Unterfeuer in Deckpeilung im allgemeinen einen Kurs (Richtfeuerlinie) bezeichnen.

Rüböl, gewonnen aus Samen einer rapsähnlichen Pflanze, -> Argandsche Lampe.

Sichtweite, größter Abstand der Lichterkennung bei normaler atmosphärischer Durchlässigkeit, in Abhängigkeit von der Erdkrümmung (alte Definition der Lichterkennung bis in das 20. Jahrhundert, neu = Tragweite).

sm Abkürzung für Seemeile oder nautische Meile entspricht 1,852km

Stack, ein quer zur Fließrichtung des Wassers aufgeschütteter Damm zur Stromregulierung.

Tragweite, größte Entfernung der Lichterkennung in Abhängigkeit von der Lichtstärke und dem Sichtwert (= atmosphärische Lichtdurchlässigkeit), Nenntragweite, wie Tragweite aber mit festgelegtem Sichtwert.

Die wichtigsten Jahresdaten und Ereignisse im Überblick

1226 Erster Turm in Travemünde erbaut

1312 Turm auf Neuwerk erbaut

1316 Erster Leuchtturm-Wärter erwähnt (Travemünde)

1534 Erster Leuchtturm Travemünde zerstört

1539 Zweiter (heutiger) Leuchtturm in Travemünde erbaut

1624 Erstes Leuchtfeuer auf Wangerooge - mit Wärterin

1630 Erste Kohlenblüse auf Helgoland

1805 Cuxhaven, ältester noch betriebener Leuchtturm Deutschlands

1814 Neuwerk wird Leuchtturm

1815 Feuerschiff "Eider-Galiot" wird ausgelegt

1828 Leuchtfeuer Arkona (ältester Leuchtturm auf Rügen)

1832 Leuchtfeuer Marienleuchte (ältester Leuchtturm auf Fehmarn)

1855 Bremerhaven Oberfeuer (ältester Leuchtturm an der Weser)

1858 List (älteste noch betriebene deutsche Eisen-Leuchttürme)

1885 Erster Leuchtturm auf dem Meeresgrund - Roter Sand

1891 Erste deutsche elektrische Leuchtfeuer - Campen und Borkum

1900 Erste amtliche Küstenfunkstelle - Borkum

1963 Erste Funk-Fernüberwachung - Kalkgrund

1986 Letzter deutscher Leuchtturm-Wärter verläßt Eckernförde Leitfeuer

Photonachweis

WSA Tönning:

Süderoogsand

Ahrendt, WSA Emden:

Binnen-Randzel

YPS Peter Neumann:

Kalkgrund, Schleimünde,
Friedrichsort, Kiel, Flügge, Warnemünde, Helgoland,
Helgoland-Düne, Roter Sand,
Blankenese UF, Wittenbergen

alle anderen Photos
vom Autor

Literaturhinweis

Anders/Lubkowitz/Wende, Seenotrettung, Hamburg 1990

Bracker, J. (Hrsg), Die Hanse, Hamburg 1989

Brandt, O., Geschichte Schleswig-Holsteins, Kiel 1957

Brustat-Naval, F, Lichter über dem Meer, Wiesbaden 1969

Danckwerth, C., Die Landkarten von Johannes Mejer, Husum, aus der neuen Landesbeschreibung der zwei Herzogtümer Schleswig und Holstein 1652, Hamburg 1963

Degn/Muuß, Topografischer Atlas Schleswig-Holstein und Hamburg, Neumünster 1979

Ellmers, D., Das Hafenzeichen von Travemünde, Lübeck 1226 Reichsfreiheit und frühe Stadt, Lübeck 1976

Franzen, H.G., Chronik Oehe-Maasholm, Maasholm 1989

Grassmann, A., Lübecks Priwall, Lübeck 1226 Reichsfreiheit und frühe Stadt, Lübeck 1976

Grübeler, P., Die Betonung und Befeuerung der Elbe durch Hamburg, Sonderdruck aus dem Jahrbuch der Hafenbautechnischen Gesellschaft 10. Bd., Hamburg 1929

Grübeler, P., Die Fürsorge des Deutschen Reichs für die Betonnung und Befeuerung der Unterelbe seit dem 1. März 1921, Sonderdruck aus dem Jahrbuch der Hafenbautechnischen Gesellschaft 15. Bd., Berlin 1937

Hague/ Christie, Lighthouses, 1985

Hansen, C.P., Chronik der friesischen Uthlande, Altona 1856 und Garding 1877

Kaufmann/Kempe/Meyer, Ausstellungskatalog "Schiffahrt auf alten Fotografien", Hamburg 1978

Kebe/Kurzweg, Zwei neue Richtfeuer in Hamburg-Blankenese, Hansa 21, Hamburg 1985

Koehn, H., Sylt, 1975

Laage, G., Fehmarns Leuchtfeuer, Jahrbuch für Heimatkunde im Kreis Oldenburg, 1965

Landesarchiv Schleswig, Abt. 168-Nr.2302, Abt. 309-Nr.12815

Lang, A.W., Entwicklung, Aufbau und Verwaltung des Seezeichenwesens an der deutschen Nordseeküste bis zur Mitte des 19. Jahrhunderts, Bonn 1965

Lang, A.W., Historisches Seekartenwerk der Deutschen Bucht, Neumünster 1985

Luttermann, H.-J., Leuchttürme an der deutschen Ostseeküste, Artikelserie 1991

Luttermann, H.-J., Blüsen, Baken, Feuertürme, Rostock 1990

Müller, H.-O., Die Leuchtfeuer von Cuxhaven und Neuwerk, Herford 1984

Petersen, M., Die Halligen, 1981

Popken, H., Skizzen aus Varels Vergangenheit, Varel 1981

Probst/Tech/Vogel, Von der Küste ins Binnenland – Angeln und Nordschwansen, Rendsburg 1989

Rümler, K., Leuchtfeuer auf Arkona, Berlin 1989

Scholl, L. U., Bremerhaven – Ein hafengeschichtlicher Führer, Bremerhaven 1984

Schröder/Lorenz/Pleikis, Kiel in Vergangenheit und Gegenwart, Kiel 1963

Seedorf/Fäthke, Leuchtturm "Roter Sand, Hamburg 1989

Siersdorfer, Th. F, Wächter am Strom, Hamburg 1975

Spreckelsen, R., Sylter Leuchtfeuer, Sylt 1968

Stolz, G., Der alte Eiderkanal, Heide 1983

Thielecke, G., Ein Überblick über die Entwicklung des Schiffahrtszeichenwesens der Außenweser in den vergangenen 150 Jahren, Deutsches Schiffahrtsarchiv 3-1980, Schriften des Deutschen Schiffahrtmuseums Bd.12, Oldenburg 1980

Ulsamer, G., Borkums großer Leuchtturm, Borkum 1979

Ulsamer, G., Feuerschiff Borkumriff, Berlin 1991

Bundesamt für Seeschiffahrt und Hydrographie, Verzeichnisse der Leuchtfeuer ab 1859

Bundesamt für Seeschiffahrt und Hydrographie, Nachrichten für Seefahrer ab 1869

Voigt, W., Büsum im Wandel der Zeiten, 1974

Voß, J., Chronikartige Beschreibung der Insel Fehmarn, Burg 1889/1978

WSA Emden, Im Dienste der Schiffahrt, Emden 1990

Zemke, F.-K., Deutsche Leuchttürme, Herford 1991